U0650502

上班族的简单理财

互联网时代随时随地有收益

刘柯◎编著

中国铁道出版社有限公司
CHINA RAILWAY PUBLISHING HOUSE CO., LTD.

内 容 简 介

　　本书是一本针对上班族的理财书，内容全面，采用理论知识与案例相结合的方式，从理财观念、现状分析和理财工具等方面进行理论加实操的说明。

　　全书共包括10章，具体对理财观念、投资原则、投资常识、开源节流、网上理财、理财产品介绍和互联网多渠道理财等进行详细说明，符合一般上班族认知的理财常识。行文简洁清晰，适合平均文化层次的读者阅读，具有一定的思想性和原创性。

　　本书的读者针对的是工作几年或是有一定积蓄的上班族。希望所有读者都能从本书中得到启发，找到适合自己的理财方式，实现财富的增长。

图书在版编目（CIP）数据

上班族的简单理财:互联网时代随时随地有收益/刘柯

编著.—北京：中国铁道出版社有限公司，2019.6

ISBN 978-7-113-25691-3

Ⅰ.①上… Ⅱ.①刘… Ⅲ.①互联网络－应用－私人投资

Ⅳ.①F830.59-39

中国版本图书馆CIP数据核字（2019）第064649号

书　　名：上班族的简单理财：互联网时代随时随地有收益	
作　　者：刘　珂	
责任编辑：张亚慧	读者热线电话：010-63560056
责任印制：赵星辰	封面设计：MXK DESIGN STUDIO

出版发行：中国铁道出版社有限公司（100054，北京市西城区右安门西街8号）

印　　刷：三河市宏盛印务有限公司

版　　次：2019年6月第1版　　2019年6月第1次印刷

开　　本：700 mm×1 000 mm　1/16　印张：16.75　字数：209千

书　　号：ISBN 978-7-113-25691-3

定　　价：55.00元

版权所有　侵权必究

凡购买铁道版图书，如有印制质量问题，请与本社读者服务部联系调换。电话：（010）51873174

打击盗版举报电话：（010）51873659

前言

PREFACE

———————

　　理财是个全民话题，那么有多少人真正懂理财，理财是什么？是钱生钱，还是今天用明天的钱？

　　如果你的手上有了一定的余额，是大吃一顿，刷刷刷，还是买点股票、基金、保险或者是存银行？

　　通货膨胀了，那么，我们的养老该怎么办？

　　只靠薪水能养活这一家老小、或是买车买房吗？要不要给自己多加一份保险？父母养老保险怎么办？这些问题紧紧跟着你，逃避也不行。所以，理财，已经十分必要！

　　随着生活节奏的不断加快，时代也在不断进步，传统的理财思想和理财方式已经不能满足我们日益增长的生活需要了，新观念、新工具和新手段必不可少。

　　随着时代的进步，我们不仅要拥有智商及情商，还要有财商。财商简单说就是一个人的理财能力，它不是被先天决定，是可以后天培养的。在一定程度上培养我们的财商，将财务计划纳入人生规划当中，既可以减少家庭压力，同时也为奔向财务自由而努力。

　　对于现在的上班族来说，积蓄不多，但是比较稳定，他们享受当下的生活，也有许多上班族受西方享乐主义的影响，推崇超前消费，及时行乐，导致开支过度，从而涌现了大量的月光族。要摆脱这种月光的现状，一方面要控制消费，并养成勤俭节约的生活方式，另一方面就要通过理财的手段让财富增值，最终提高生活品质。在当今的互联网时代，理财方式和理财工具层出不穷，令人眼花缭乱。

所以，为了帮助理财小白们能正确地选择一条适合自己的理财之路，最终实现以钱生钱甚至是财务自由，我们编写了本书。

在策划本书时，我们都是由浅入深，从简单做起，注重实操。

本书共 10 章，大概内容如下。

章节	主要内容
第 1 章	包括理财观念、工薪族理财特点、信用卡以及手机银行等。通过本部分的内容，主要是让理财者们更清楚地认识自己，并树立良好的理财观念
第 2 章	介绍家庭的分阶段理财、分散投资和办公室理财等，主要是让理财者对于家庭理财有个大概认识以及做好理财前的准备工作
第 3 章	简单介绍如何实现家庭的开源节流，如家庭小账本、各种攒钱手段、不同收入群体如何攒钱、支付宝和微信如何攒钱等。这部分内容帮助理财者们在理财前充实自己的钱包
第 4 章	如何通过网络工具实现传统的银行理财
第 5 章	告诉理财者们如何网购保险以及简单的理赔知识，最重要的是如何规划家庭的保险，实用性较强
第 6 章	告诉理财者们 E 时代上班族如何炒股，包括股票常识、股票开户、股票交易和网上炒股等，操作性强
第 7 章	对于基金和债券进行简单讲解，实操性强
第 8 章	对于网络理财 P2P 进行简单讲解
第 9 章	对于各渠道的互联网理财进行介绍，如比特币、众筹和百度理财等，具有一定的参考性
第 10 章	多条门路，互联网上处处是财富

本书的优势在于从实用的角度出发，系统全面地展示理财的各种实用知识，并利用丰富的故事、案例、表格和图示降低枯燥感，让读者在一种轻松、有趣的阅读氛围中学习本书的知识。本书主要针对工作几年或是有一定积蓄的上班族。

最后，希望所有读者都能从本书中得到启发，找到赚钱点子，实现家庭与个人财富的增长。

编　者
2019 年 3 月

目录

CONTENTS

第1章　转变观念，上班族也能轻松理财

随着社会经济水平的发展，人们的收入开始逐年增加，可为什么挣的越来越多，生活却没有越来越好呢？普通上班族每月收入固定，那么上班族如何转变观念，轻松理财。

第2章 做足功课，让你成为理财能手

有人认为上班族的工资一般只够日常开销，并不适合理财。不，其实上班族有固定的收入和互联网资源，更应该理财。只是在理财前要做足功课，避免盲目操作。

第 3 章 开源节流,上班族攒钱是第一步

上班族工资收入固定,每月按计划进行收支平衡,会达到非常好的理财效果。那么上班族有哪些积累方式?不同族群的上班族,又有哪些具体的积累财富技巧呢?

第4章　传统银行理财，网上也能进行

随着网络的发展以及银行业务的不断完善，很多银行的业务我们可以通过电脑或者手机快速办理。例如通过网银转账，通过网银买卖各种理财产品，通过网银购买各种银行理财产品。

第5章 保险，低利率时代下优选的理财产品

保险，在当今的时代不再是奢侈品，而是普通大众生病时昂贵的医药费、意外发生时留给家里的一笔储蓄、自主创业时的一笔资助。对于理财者来说，保险更是一种很优化的理财方式，是低利率时代优选的理财产品，同时，它还是你家庭意外的守护者。

第 6 章　股票，E 时代上班族普遍选择的投资方式

所谓股市有风险，入行须谨慎。虽然是冒险，但是高风险高回报，而且，股票投资是 E 时代上班族普遍选择的投资方式。有人在股市一败涂地，也有人在股市发家致富；有人望股止步，也有人屡战屡败，屡败屡战。那要学会在风云无常的股市中找到自己的财富。

第7章　基金与债券，勇于尝试收获多

作为一般的上班族，没有那么多投入资本以及时间和精力，所以汲取他们的投资教训，借鉴相关的投资经验，从适合自身的情况出发，选择适合自己的投资产品，比如债券、基金。不管选择哪一种，适合自己最重要，而且一定要学会分散投资。

第 8 章　P2P，最适合上班族的网络理财

对于上班族来说，P2P 不会陌生，那么真正了解 P2P 的有几人？什么是 P2P，P2P 有哪些特点，产品信用等级怎么回事，收益如何计算，哪些平台可以购买，手机购买怎么操作？这些都是网络理财需要掌握的内容。

第 9 章　理财 APP，别再只会用余额宝

在如今各种吃喝玩乐 APP 满天飞的情况下，各种理财 APP 也是层出不穷。没有最好，只有最新。余额宝、微信理财和京东金融等就是典型的理财 APP。如何使用这些 APP，上面都有哪些产品，有哪些注意事项等，值得我们了解。

第 10 章 多条门路，互联网上处处是财富

在互联网＋时代下，互联网不仅能满足用户日常需求，还能在互联网上拣宝。当然前提是有技巧，会用工具，比如火爆全球的比特币、区块链、众筹、招财宝、百度理财和苏宁金融等。

转变观念，上班族也能轻松理财

随着社会经济水平的发展，人们的收入开始逐年增加，可为什么挣的越来越多，生活却没有越来越好呢？在本书的第1章，我们就来看看，普通上班族每月收入固定，那么，上班族如何转变观念，轻松理财。

1.1
理财就在我们身边

有的人认为，作为上班族，每月工资一般只够日常开销，别说理财攒钱了，甚至可能月光，所以我们没有多余的钱进行理财。其实这是非常错误的，上班族有固定的收入和互联网资源，更拥有承担风险的能力，更加应该学会理财。

上班族想要理财，首先应该转变自己的固有观念，因为理财就在我们身边。

1.1.1 为什么挣的越来越多，生活却没有越来越好

从正常的思维角度来讲，收入高了之后，生活应该越来越好才对。为什么大家的工资高了，挣的钱多了，生活却越来越难过了呢？我们举一个简单的例子。

当你月薪4 000元的时候，在老家有房有地。衣食住行只花2 000元，还能有2 000元的存款，小日子过得也是无忧无虑。

而当你月薪达到8 000元的时候，在城里买了房、买了车、贷款将近百万。吃住每个月花3 000元，还贷将近5 000元。存款几乎没有，不敢生病，还不敢享乐。生活变得异常困难。

正如上面所说，每个阶层、每个人、每个阶段的现金流和资源都是不一样的。在不同的人生阶段，都需要面临对自己财务的管理。当今社会不断发展，收入在增加，可是兜里的钱却一天天在减少，生活

也变得困难，究其原因，主要有以下几点。

◆ **通货膨胀：** 通货膨胀是我们生活压力日益加剧的主要因素，房价高企、物价高昂，这些都让我们的生活变得更困难。

◆ **支出较多：** 一般的上班族，除了需要支付衣食住行的费用，还有学习等多项支出项目，往往入不敷出。

◆ **提前消费：** 年轻人提前消费的意识很明显，信用卡、花呗等，都增加了人们的消费压力。

◆ **享乐主义：** 年轻人受西方享乐主义影响，喜欢旅行、休闲娱乐等，这些支出往往比中老年人要多。

◆ **理财意识淡薄：** 许多上班族每天忙于工作，理财意识淡薄，甚至简单的银行储蓄也不愿意进行，造成财务管理混乱。

◆ **经验缺乏：** 有的上班族有理财意识，但因为时间、经验的原因，理财显得很盲目，没有明确的目标与方法。

本书从这里开始，就要详细地讲解如何改变意识、学会方法，轻轻松松做一个理财高手。

1.1.2 会挣钱，也要会理财

许多上班族每天埋头工作，有空闲的时间也是充电学习，对自己的财务状况不太关注，工资卡也任由数字增加。其实这是一种对自己生活不负责的表现。上班族一定要记住，会挣钱，也要会理财。

钱是越积越多，作为理财初学者，首先需要考虑以下 5 招。

（1）设立人生目标

很多人都羡慕那些跑马拉松的人，要是让我们自己跑，跑上 10 公里估计都够呛。其实，在跑马拉松的背后他们默默付出了很多。人生就像一场马拉松，在不同的阶段设置一个小目标，以便更加有自信地去获得成功。

上班一族亦是如此，无论是工作还是生活的财富管理，都要学会设立目标，比如近期要买房、买车或者要准备出国等。但是目标制定要尽可能具体化、步骤详细以及有确切的期限等。

（2）记录财务账单

记录财务账单通俗来说就是记账，无论你的收入有多少，你必须要会一件事——记账，否则你永远不知道钱去哪儿了。

记账是一项烦琐的事情，估计没有多少人能够坚持做到。有些人觉得记账就是在浪费时间。其实记账的目的是为了了解金钱去向，对物价敏感，以后在买东西时能有个参照。从另一个角度说，记账能够培养一个人的数字观，这样一来就会大大减少乱花钱的情况。在下一章中会详细讲解如何记账。

（3）与时俱进

上班族虽然用在理财上的时间较少，但也要常常关注金融资讯，特别是近期的理财方式，如：存入余额宝、银行、P2P网上理财以及股票等。

除了了解这些，平时的空余时间完全可以通过学习得到更大的收获。例如学习理论，成为理财高手，具备基本的理财判断力。

（4）理财要求稳

上班族虽然可以适当承担一定的风险，但基本的稳定理财与保障也是必不可少的。对于普通人而言，准备一些医疗保险、意外保险等备用基金是非常有必要的。同时，不要把钱全部存在一个账户，让自己的钱"活"起来。

此外，也可以尝试把一些钱存为定期存款。不仅可以节制消费，还可以得到一定的收益。这个方法对那些"剁手一族"非常有用。

（5）学会灵活投资

前面介绍的让"钱"活起来，其实就是要学会灵活投资。不要把鸡蛋放在一个篮子里说的就是这个道理。上班族理财只是打理钱，而具体怎么管钱、生钱和护钱却没有明确的目标。对于比较年轻的上班族来说，风险的承受能力较强，就可以尝试一下具有理财功能的投资，这样既能起到一定的保障作用，同时也满足了"生钱"的需求。

此外，考虑到时间问题，小额 + 定投是非常好的选择。而对于打算做长期投资的投资者来说，可以选择基金定额定投，就是说在每个月固定的时间，投放固定的资金到指定的账户中。本书在后面的章节中会详细介绍这些投资方式。

1.1.3 你不理财，财不理你

我们经常听到一句话，就是"你不理财，财不理你"。没错，在日常生活中，如果你对自己的财富没有规划，无论你挣多少钱，最终都会觉得财务压力增大。别说保值增值了，就连守住自己的财富也是非常困难的。

在投资理财的行业中，有 4 个非常有趣的理财小故事，正是印证了你不理财，财不理你的道理。

故事一：买房子和买车子

10年前，A和B是大学同学，两人在工作5年后，都积攒了30万元。5年前，A购买了一套房，B购买了一辆汽车。5年后的今天，A的房子市值60万元，B的汽车在二手车市场只能卖5万元。

点评：这是日常生活中我们常见的消费方式，买车还是买房？A花钱买房是"投资"行为，30万元转移到了房子上面。B花钱买车是"消费"行为，钱已经花出去了。这则故事告诉我们要正确区分"投资"行为与"消费"行为。

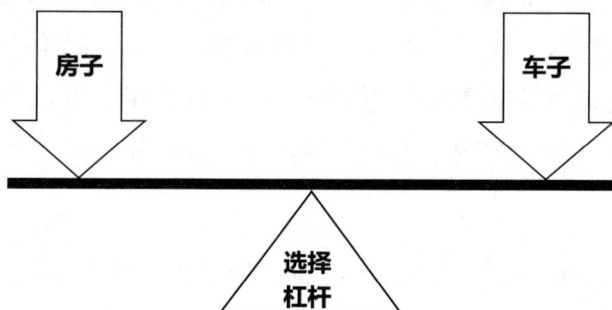

```
        房子                              车子
         ↓                                 ↓

    ━━━━━━━━━━━━━━━━━━━━━━━━━━━━━━━━━━━━━━━━━━

                   △
                  选择
                  杠杆
```

故事二：老人钓鱼

以前有个老人在河边钓鱼，老人技术很好，没多久就钓了满满一筐鱼。一个小孩跑过来看热闹，老人见小孩非常可爱，于是要把整筐鱼都送给他。小孩摇了摇头，老人有点诧异问："为什么不要呢？"小孩回答："我想要您手中的渔竿。"老人问："要渔竿做什么？"小孩说："一筐鱼没多久就会吃完，要是有了渔竿就可以自己钓，一辈子也吃不完了！"老人想了想，便把渔竿送给了小孩。但是，从此以后小孩却再也没有钓上一条鱼来。

点评：这个故事乍看以为是"授人以鱼不如授人以渔"的道理，其实不然。现在很多人说起理财来都头头是道，甚至CPI、GDP这些经济大数据都了如指掌，很多人兴冲冲地买了股票、基金或黄金等理财产品，但是由于不懂理财技巧，盲目投资，最终亏得一塌糊涂。这就和故事里的小孩一样，单有了理财意识不行，还要掌握理财技巧，否则，胡乱入市比不理财更可怕。

故事三：黄金大石头

曾经有个人很富有，他担心钱放在自己家不安全，就把钱放在一块石头底下，并且天天都会去看一看，摸一摸。非常害怕自己的钱被人偷走了。这时有位长者告诉他：你将那块石头涂成了黄金色然后在上面写下"一千两黄金"。然后长者说："从今天起，你可以天天来这里看你的钱了，而且再也不用担心这块大黄金被人偷走。"

点评：如果金银财宝只是存在银行而没有使用的话，那么除了一点利息之外，就和黄金色的大石头没什么两样。在理财的世界，钱存入银行固然是安全稳定的，但对上班族来说却并不是最佳的理财方式。

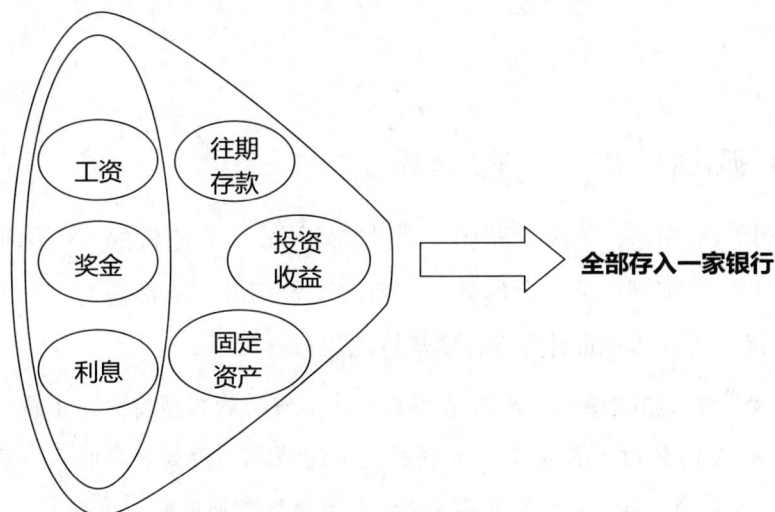

故事四：不需把鸡蛋放在一个篮子里

美国一家银行因为违规营业以及财务上的问题，被政府勒令关闭。在该银行被其他机构接管后，马上通知所有有存款的人前来取款。因为美国的银行有十万元的存款保障，也就是说银行倒闭时，客户的存款若在十万元以内，都不会受到损失，而一旦将几十万元全部存在这家银行，则因为无法兑现而损失惨重。

点评：这虽然是一个简单的风险故事，但从中不难看出，无论上班族还是家庭投资，请记住不要把所有的"鸡蛋"都放在一个篮子里，一定要做到多元化投资，分散投资风险。

1.2
工薪族理财大不同

有了理财的意识之后，还是不能盲目入市。首先要分析自己的财务状况，工薪族是一个较为特殊的群体，那么理财之前需要注意哪些地方呢？

1.2.1 抓住收入特点，善于选择

我们都知道，所谓工薪族，就是拿着固定工资吃饭的人，单纯靠固定工资养家糊口的一个群体。一般的工资结算方式都是月结，那么工薪族或是上班族的财务具有哪些特点呢？

◆ **收入结构单一**：收入结构单一是上班族的典型特点，上班族约95%的收入都是来自上班所获得的薪水。而如利息收入、房租收入、退休金和版税等，普通上班族这方面的收入大约只有5%，甚至没有这样的收入。

◆ **投资理念相同**：目前上班族的投资理念基本固定在不挥霍、能创造上。大部分的目标都锁定在工作前景、子女教育以及为父母养老等方面。

◆ **消费方式多元化**：因为家庭财务背景的关系，上班族的消费理念也是不同的，有的着重于买房、租房；有的着重于旅游、享乐；而有的则着重于固定投资。针对不同的财务背景，也需要做出不同的理财方案。

◆ **一定的风险承受能力**：上班族因为每个月有固定的收入，且类似年轻族群并没有家庭生活压力，因此是可以承担一定理财风险的。

◆ **大多有理财意愿**：如今互联网飞速发展，很大一部分上班族都是有理财意愿的。但是上班族受限于朝九晚五的上班时间，没有太多空余时间去研究股市、分析大盘走势或者去银行实地考察购买理财产品。因此需要选择较为轻松简单的理财方式。

知识加油站

据国家统计局发布的 2017 全国居民收入情况来看，2017 年全国居民人均可支配收入 25 974 元，其中全国居民人均工资性收入 14 620 元，增长 8.7%，占可支配收入的比重为 56.3%；人均经营净收入 4 502 元，增长 6.7%，占可支配收入的比重为 17.3%；人均财产净收入 2 107 元，增长 11.6%，占可支配收入的比重为 8.1%；人均转移净收入 4 744 元，增长 11.4%，占可支配收入的比重为 18.3%。

1.2.2 理财先行，摸清自己的家底

所谓"理财先行，摸清自己的家底"，就是指在投资理财前，一定要明白自己有哪些资产，通俗来说就是"我有多少钱"。下面我们来看一个普通上班族可能有哪些资产。

（1）固定资产

固定资产的标准解释是：企业为生产产品、提供劳务、出租或者经营管理而持有的、使用时间超过 12 个月或价值达到一定标准的非货币性资产，包括房屋、建筑物、机器、机械、运输工具以及其他与生产经营活动有关的设备、器具和工具等。

对普通人而言，固定资产就是指住房、汽车等，是否拥有这些资产，是上班族理财前需要盘算清楚的。

（2）金融资产

金融资产是指以价值形态存在的资产，是一种索取实物资产的无形的权利。一般来说，我们所拥有的存款、保险单、股票和债券等，都可以称之为金融资产。

（3）债务情况

许多人认为资产只是拥有的资金，实际上负债也属于资产之一。一般来说，亲友借款、信用卡、未还车贷和房贷等，都应该考虑在资产清算中。

在理财之前，如果有债务，应注意明确债务的偿还计划，是到期偿还还是分期偿还，最好能明确到每次什么时间还，还多少，情况越详细，就越便于制订理财计划和安排资金。

（4）未来收入情况分析

未来收入情况分析并不算实际拥有的资产，这是个人对自己未来收入的评估。如"未来一年内我的工资将上涨 20%"、"我在今年年底会拿到 5 万元的年终奖金"和"今年的定期利息收入会有

3 000 元"等。在制订理财计划的时候，将这些未来的收入算入其中，以便于制订出更符合自己未来实际状况的计划，避免投资选择不当。

1.2.3 做好风险投资测试

对于任何投资理财，最重要的就是预判风险，规避风险。在入市之前，做一份风险投资测试是非常有必要的。

风险投资测试也叫投资风险偏好测试，是指在投资前，从你的年龄、家庭收入、资产构成、风险承受能力、投资持有时间以及投资目的等方面着手，了解你的具体情况，测试出你的心理预期和对于风险的承受能力，评定你的投资风格，以此来匹配比较适合你投资风格的理财产品。

如今各大银行或投资机构都有自己的风险投资测试，下面就列举一份完整的风险投资测试问卷。

1. 您有多少资产用于理财投资？

A 不超过 2 万元人民币

B 2 万 ~10 万元

C 10 万 ~50 万元

D 50 万元及以上

2. 您是否有过投资理财产品、股票、基金或债券的经历？

A 没有

B 有，少于 3 年

C 有，3~5 年

D 有，超过 5 年

3. 您认为自己能承受的短期最大投资损失是多少？

A 低于 10%

B 10%~25%

C 25%~50%

D 50% 以上

4. 您预期的投资期限是：

A 少于 1 年

B 1~3 年

C 3~5 年

D 5 年以上

5. 您刚刚有足够的储蓄实现自己一直梦寐以求的旅行，但是出发前三个星期，您忽然被解雇。您会：

A 取消旅行

B 选择另外一个比较普通的旅行

C 依照原定的计划，因为您需要充足的休息来准备寻找新的工作

D 延长路程，因为这次旅行可能成为您最后一次豪华旅行

6. 如果投资金额为 50 万元人民币，以下 4 个投资选择，您个人比较喜欢：

A 最好的情况会赚 2 万元（4%）人民币，最差的情况是没有损失

B 最好的情况会赚 8 万元（16%）人民币，最差的情况下损失 2 万元（4%）人民币

C 最好的情况会赚 26 万元（52%）人民币，最差的情况下损失 8 万元（16%）人民币

D 最好的情况会赚 48 万元（96%）人民币，最差的情况下损失 24 万元（48%）人民币

7. 假设在您投资某金融产品 60 天后，价格下跌 20%，但所有基本面均未改变，您会怎么做？

A 为避免更大的担忧，全部卖掉再试试其他的

B 卖掉一部分，其余等着看看

C 什么也不做，静等收回投资

D 再买入。它曾是好的投资，现在也是便宜的投资

8. 如果您收到了 25 万元的意外财产，您将：

A 存到银行

B 投资稳定收益型的理财产品，如银行理财、网贷产品等

C 投资股票、黄金、期货等波动型理财产品

D 做生意或股权投资

9. 您的亲友会以下列哪句话来形容您：

A 您从来都不冒险

B 您是一个小心、谨慎的人

C 您经仔细考虑后，会愿意承受风险

D 您是一个喜欢冒险的人

10. 您对您目前的财务状况满意吗？

A 不太好，常常要借钱

B 刚刚好，必须特别小心打理

C 我做得还行，一直按照我的人生规划在顺利进行

D 特别好，生活品质很高

11. 当您退休后，您计划做什么？

A 节俭地生活，避免把钱花光

B 继续挣钱，因为我的养老金估计不够用

C 享受人生，周游世界

D 努力花钱，去实现年轻时没有实现的梦想

在您根据以上内容作出风险评估测试后，需要对应相应的测试结果，判定您属于哪种类型的投资人。

在以上的答题中，A：1分，B：2分，C：3分，D：4分，风险承受能力类型（最低11分，最高44分）11~13分为保守型，14~26分为

稳健型，27~39 分为进取型，39 分以上为激进型。

知识加油站

在做风险投资评估测试时，有两点需要注意的地方：第一，不要为了购买某种理财产品而不如实选择答案，这可能对您最终的理财产品带来影响；第二，目前各银行及投资机构的风险投资评估测试标准并不统一，如您在 A 银行进行了风险投资评估测试，其结果并不能用于 B 银行的产品选择。

1.3
理财必备，这些常识你必须懂

准备入市之前，还有一些必备的理财知识是需要了解的，例如什么是"年化收益"、什么是"投资利息"等，这对计算利息等是非常重要的。

1.3.1 什么是年化收益率

不管做什么投资，都有利率这个说法，但其实投资中常说的利率，都是指年化收益率。年化收益率仅是把当前收益率（日收益率、周收益率和月收益率）换算成年收益率来计算。一般来说，这是一种理论收益率，并不是真正已取得的收益率。

利用年化收益率计算利息的公式为：

利息＝（实际天数 ÷365）× 年化收益 × 本金。

很多投资者在投资前并没有搞清楚年收益率和年化收益率的区别，

造成了很多误会与损失。

王某是一个互联网企业的员工，去年年终一下拿到了 10 万元的奖金，他决定在银行购买理财产品进行投资理财。某银行卖的一款理财产品，号称 91 天的年化收益率为 3.1%，王某一下购买了 10 万元份额。

91 天之后，王某高兴的到了银行，以为能拿到 3 100 元的利息，银行工作人员告诉他，实际上能收到的利息是 100 000×3.1%×91÷365 = 772.88（元），绝对不是 3 100 元。

一些投资机构在宣传中经常会把"年化"这两个字省略掉，而且即使说了年化，部分投资者还是没搞清楚这个年化和 91 天之间的关系。

🚉 知识加油站

通常理财产品在产品说明书或合约中，都会标明预期收益率或最高预期收益率。产品的预期收益率主要与产品设计和资金投向有关，而实际收益率可能低于预期甚至本金亏损。

1.3.2 理财中的时间陷阱

在投资理财的时候，不同的产品会设置不同的理财限制，特别是在时间上。认购时间、计息时间、赎回时间以及到账时间等不同的因素，往往让投资者昏了头。

如某银行最新推出的一款理财产品，在其合同中有如下一段话。

产品期限：180 天。

产品募集期：10 月 1 日 ~10 月 15 日。

合同生效期：10 月 16 日。

按照上面的说法，产品需要等到 16 日才开始计算利息，如果投资者在 10 月 7 日购买了该产品，那么中间的几天是没有利息的。对部分资金控制比较紧张的投资者而言，需要注意这一点。

在银行投资可以签订投资合同，而一些网上投资方式，在时间上的限制会更多。A 产品当天 24:00 前转入，第 2 天开始计算收益，第 3 天可查看收益。具体情况见表 1-1。

表 1-1　A 产品利息计算时间

转入时间	开始计算收益	收益到账
周一 00:00~ 周一 24:00	周二	周三
周二 00:00~ 周二 24:00	周三	周四
周三 00:00~ 周三 24:00	周四	周五
周四 00:00~ 周四 24:00	周五	周六
周五 00:00~ 周五 24:00	周六	周日
周六 00:00~ 周六 24:00	周日	下周一
周日 00:00~ 周日 24:00	下周一	下周二

转出到账时间，详见表 1-2。

表 1-2　A 产品利息到账时间

转出时间	到账时间
周一 00:00~ 周一 24:00	周四
周二 00:00~ 周二 24:00	周五
周三 00:00~ 周三 24:00	下周一
周四 00:00~ 周四 24:00	下周二
周五 00:00~ 周五 24:00	下周三

无论在何处投资，从以上的例子来看，投资者在时间上往往会遇到如图 1-1 所示的"陷阱"。

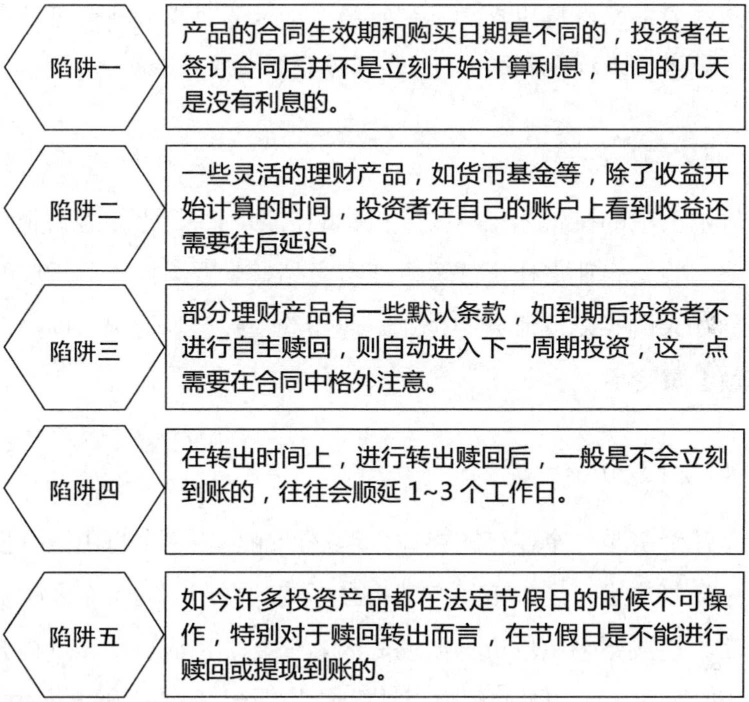

陷阱一	产品的合同生效期和购买日期是不同的，投资者在签订合同后并不是立刻开始计算利息，中间的几天是没有利息的。
陷阱二	一些灵活的理财产品，如货币基金等，除了收益开始计算的时间，投资者在自己的账户上看到收益还需要往后延迟。
陷阱三	部分理财产品有一些默认条款，如到期后投资者不进行自主赎回，则自动进入下一周期投资，这一点需要在合同中格外注意。
陷阱四	在转出时间上，进行转出赎回后，一般是不会立刻到账的，往往会顺延 1~3 个工作日。
陷阱五	如今许多投资产品都在法定节假日的时候不可操作，特别对于赎回转出而言，在节假日是不能进行赎回或提现到账的。

图 1-1

1.3.3 认清理财风险

所谓理财，最重要的一环就是管理风险。投资理财的风险很多，投资者要对其进行充分了解并学会规避。

（1）利率风险

在投资续期内，产品投资标的价值发生变化，影响最终的实际利率，这就是利率风险。

如银行理财产品有一种不保证本金和收益的非保本浮动收益型产品。这种产品的投资渠道是存款占很小一部分，大部分是用于委托证券公司将产品投入股市或者基金市场。如果股市或者基金市场震荡下跌，投资者将会面临既亏损本金，又亏损收益的风险。

（2）信用风险

理财产品的投资如果与某个机构的信用相关，比如购买企业发行的债券、投资企业信托贷款等，理财产品就需要承担企业相应的信用风险。如果购买发行债券的企业出现违约、破产等情况，理财产品的投资就会蒙受损失。

（3）市场风险

全球经济是一个连接的整体，理财产品募集资金将由银行投入相关金融市场中去，金融市场波动将会影响理财产品的本金及收益。一般而言，造成金融市场价格波动的因素很多，也很复杂，价格波动往往较大，投资者所购买的理财产品面临的市场风险也会随之产生。

例如在2008年的全球金融危机中，全世界的经济市场表现都不佳。由于全球资本市场的动荡，当时大多数与资本市场相关的理财产品均遭受不同程度的损失。

（4）不可抗力风险

不可抗力风险是所有理财中都无法避免的，如自然灾害、战争等不可抗力因素的出现，就可能影响理财产品的受理、投资和偿还等的正常进行，甚至导致理财产品收益降低或本金损失。

在我国，《民法通则》及《合同法》中明确规定，不可抗力指不能预见、不能避免并不能克服的客观情况。对于保险的投资理财而言，对自然灾害等不可抗力风险要注意，避免遭遇拒绝理赔的情况。

1.3.4 网络理财的风险

如今网上理财非常火爆，上班一族也喜欢利用网络来管理资产。网上理财，除了上一部分介绍的风险之外，还有如下一些情况需要注意。

（1）引导销售

一些投资机构的网站，为了吸引眼球，不惜自掏腰包发投资"补贴"。实际上根据国家的相关规定，理财产品的销售与宣传，不得有"采取抽奖、回扣或者送实物、保险和基金份额等方式销售基金"的行为。一些产品宣扬的收益率仅仅代表历史业绩。

作为投资者需明白，收益是与市场利率走势息息相关的，具有波动性，因此不能简单地以历史业绩为评估标准。

（2）平台风险

平台是否正规经营，是否有正规的营业执照，经营业务范围是否合法，都是投资者需要考虑的。网上理财无法当面考察，因此需要各位投资者注意网上理财的陷阱。

在实际操作中，投资机构不接触投资者的资金，才是保障用户投资安全的根本。

（3）账户风险

普通人进行网上理财，最可能遭遇的就是账户风险。如一些投资机构的网络技术不完善，投资者账户受到不法分子的网络攻击。不法分子试图非法窃取投资者账户交易密码，进而控制投资者的账户，对投资者的账户安全造成严重威胁。

此外，常见的网络投资风险还有如图 1-2 所示的一些。

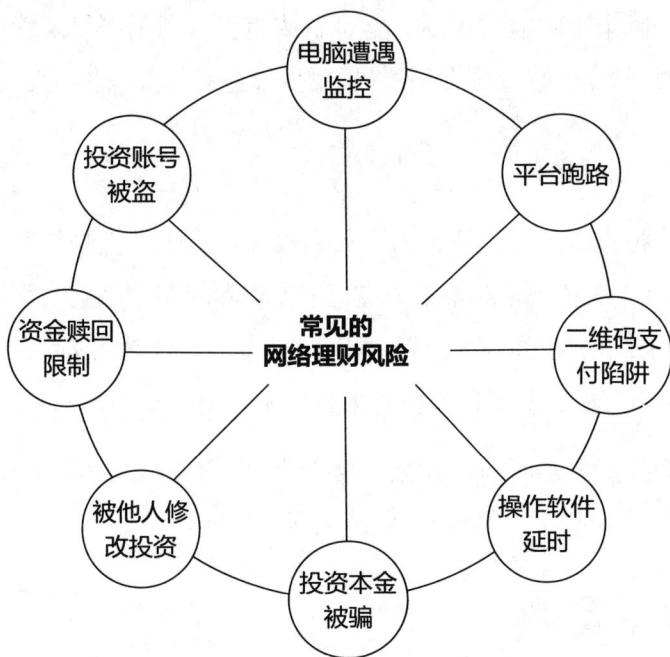

电脑遭遇监控

平台跑路

投资账号被盗

二维码支付陷阱

资金赎回限制

常见的网络理财风险

操作软件延时

被他人修改投资

投资本金被骗

图 1-2

网络理财被骗的案例非常多，投资者不要轻易相信一些高额回报、灵活变现的口号，更不要直接通过微信、支付宝转账。下面来看一个通过网络购买理财产品被骗的例子。

王某 29 岁，在外打工好几年了。十年打工还打工，十年投资成富翁，王某自从学会在微信上购买理财产品后，便梦想着赚一大笔。

前段时间，王某在老家的一个微信群里发现了商机，一款理财产品引起了王某的注意。该产品显示，投资 30 天，收益率达到 18%，这可是他之前在网上投资收益的好几倍，王某立刻有了兴趣。

随后，王某赶紧联系对方，很快有个自称客服的人加了王某微信，还给王某发来二维码充值购买理财产品。赚钱心切的王某来不及多想，就通过扫描转账，前后买了 2 万多元的理财产品。

此后王某每天点开看一下，本金和收益每天都能准时入账，两周后，账户余额显示 3 万多元。明明只投资了 2 万元，才短短几天就变成了 3 万元？真有这么神奇吗？

30 天后，王某准备赎回这笔钱，可是手机上的投资账户却显示异常，王某立刻与客服进行联系，而那位自称客服的人已经把王某的微信拉进黑名单，不管怎么联系都是毫无反应了。

1.4
信用卡，银行的钱你先花

适度负债也是理财的一种，上班一族适度负债最直接的方式就是利用信用卡来管理财务状况。不过信用卡的使用有很多地方需要用户注意。

1.4.1 根据自己的财务情况办理信用卡

信用卡分为贷记卡和准贷记卡，现在我们大多数人使用的是贷记卡，贷记卡即银行发行的、并给予持卡人一定信用额度，持卡人可在信用额度内先消费后还款的信用卡。

　　信用卡最方便的就是即便你在没有现金的情况下也可以使用信用额度，只要在还款日之前按期归还使用的金额就可以了。普通上班族，只要无不良信用记录，办理信用卡一般都没有太大的困难。

　　对于普通人而言，信用卡的额度并非越高越好，一是因为如果信用额度过高，年轻人可能过度消费，造成还款困难；二是因为高额度信用卡收取的年费、服务费等更高。因此，办理信用卡，一般根据自己的实际收入情况来确定额度范围。

　　目前市场上的信用卡种类有很多，各大银行几乎都有不同的信用卡，如图 1-3 所示就详细列举了一些不同种类的信用卡。

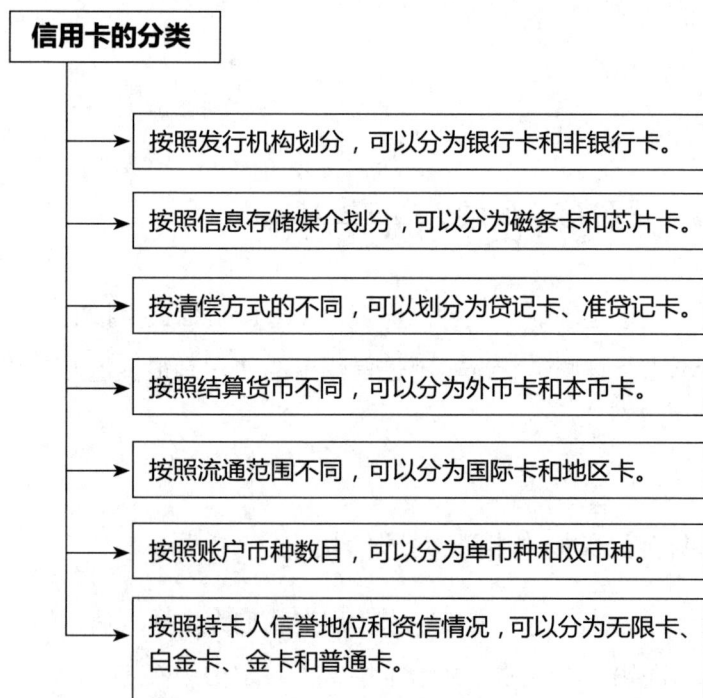

信用卡的分类

- 按照发行机构划分，可以分为银行卡和非银行卡。
- 按照信息存储媒介划分，可以分为磁条卡和芯片卡。
- 按清偿方式的不同，可以划分为贷记卡、准贷记卡。
- 按照结算货币不同，可以分为外币卡和本币卡。
- 按照流通范围不同，可以分为国际卡和地区卡。
- 按照账户币种数目，可以分为单币种和双币种。
- 按照持卡人信誉地位和资信情况，可以分为无限卡、白金卡、金卡和普通卡。

图 1-3

对于上班族而言，选择信用卡，可先选择一些商业银行进行办理。一是因为商业银行的审核较为容易，二是商业银行的优惠较多，使用更加方便。

一般来说，可以根据自身情况了解哪家银行能给你心目中的额度，然后持有 1~2 张信用卡就可以了，切不可胡乱办理多张信用卡。

现在几乎每家银行信用卡都会根据人群的消费习惯区分信用卡类别，比如航旅、购物、酒店和餐饮娱乐等。如你是经常出差的上班族，就可以选择航旅卡，购买机票更便宜，出行还可能有专车接送。

1.4.2 信用卡的使用技巧

信用卡的申请与使用非常简单，一般只需如图 1-4 所示的 4 个步骤即可。

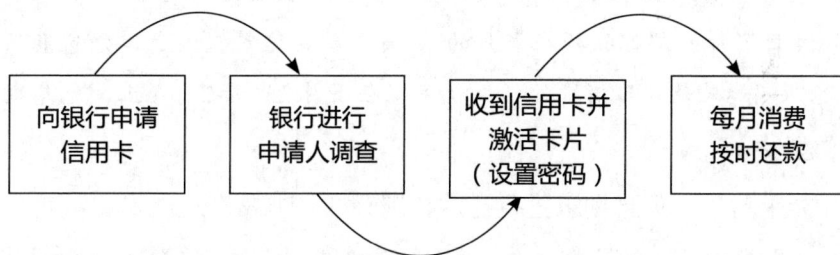

向银行申请信用卡 → 银行进行申请人调查 → 收到信用卡并激活卡片（设置密码）→ 每月消费按时还款

图 1-4

信用卡因为涉及提前消费与利息，因此在使用过程中要注意很多使用技巧。

（1）账单日与还款日

一般来说，在用户收到银行信用卡的时候，还会附带一张使用须知，上面就有账单日和还款日。这是银行定好的，每个人都可能不一样。

部分银行也约定在第一次使用的时候可以自行设置账单日。

银行每月会定期对你的账户本期发生的各项交易、费用等汇总结算，同时结计利息，算出你当期的总欠款金额以及最小还款额，然后向你邮寄本期账单。如今大部分银行都取消了纸质账单，一般通过电子邮件或短信形式通知持卡人。

还款日指银行规定的持卡人应该偿还其全部应还款额或最低还款额的最后日期。一般固定在账单日后的 20 天，具体情况要以账单约定时间为准。

（2）到期还款

借银行的钱使用，银行自然要收取利息，但是信用卡的使用有一个免息期，免息期就是指在账单日之前到一个周期内的消费免利息。

举个例子，银行的对账日是每月 5 日，还款日是每月 23 日。如果你在 4 日消费，那你必须在当月的 23 日前就把这笔钱还上，免息期只有 20 天；如果是 6 日消费的话，就可以在下月 23 日之前还上，免息期就是 50 天。

如果超过了免息期未进行还款，则会面临非常严重的后果。首先银行一般会收取未还账款 ×0.05%/ 天的利息；其次银行会将违约记录上报国家征信系统，如出现征信黑名单记录，将会影响持卡人的购房、购车和交通出行等；严重违约的情况，银行会将用户起诉至当地法院，进行强制还款。

山东被告人王某，男，因涉嫌信用卡诈骗，于 2018 年 6 月被刑事拘留，某市某区人民检察院以 ×× 刑诉指控被告人王某犯信用卡诈骗罪，向本院提起公诉。本院依法适用简易程序，实行独立审判，公开开庭审理了本案，被告人王某到庭参加了诉讼。现已审理终结。

经审理查明，2017 年 8 月，被告人王某向某银行申请办理了高额度信用卡一张。在此后半年的时间内，王某使用信用卡消费本金 10 多万元。至最后还款日期，王某未向银行还款或进行分期还款。该银行随后多次通过电话、信函和上门催收等方式联系王某还款，但王某一直未还。经银行报案，2018 年 6 月，王某正式被该市公安局某派出所抓捕归案。

（3）最低还款与账单分期

当然，如果你在最后还款日资金有一定困难，有两种办法可帮助你规避处罚。

一是最低还款，最低还款是按照银行给出的最低还款额（一般是消费总额的 10% 或 5%）还款，这样可保持良好的信用记录。不过，即使还了最低还款，剩下的部分，需要从消费入账日开始计算，按日息 0.05%/ 天收取全部消费金额的利息，并按月计算复利。

另一种方式就是向银行申请账单分期，绝大多数银行分期标准有 3 期、6 期、9 期、12 期、18 期和 24 期等。账单分期没有利息，只有手续费，不同的分期数对应不同的手续费，一般期限越长，手续费标准越高。银行收取手续费有两种方式，一种是以月为平均单位每期收取；另一种则是在缴付首期款时一次性收取。

📟 知识加油站

对于年轻的上班族来说，收入不高，但是每月相对固定，结余较少。这个时候选择账单分期，把资金分在几个月里面还款，相对来说轻松很多。而只还最低还款利息可能会高很多，一般最低还款适用于那些只是在很短的一个时间内资金紧张的人，因为时间比较短，虽然利息比较高，其实也是比较划算的。

1.4.3 信用卡与投资理财

信用卡与投资理财虽然关系不大，但也可以通过一些简单的方式进行资产管理。

首先，我们巧用免息期，本来你现在有 2 万元是要用来旅行的，但是如果你用信用卡支付这 2 万元，而将原本的 2 万元现金用作 50 日以内的短期理财，这样你不但可以获得投资收益，旅行也可以顺利进行；而且当你旅行归来，在最后还款日之前还清信用卡账单，享受免息期不收取任何利息的好处。

此外，信用卡消费一般都会有积分，积分又可以兑换一定的礼品，如现金代金券、家庭小电器等。

最后，推荐使用一些信用卡管理 APP，如支付宝、卡牛等，使理财与信用卡相结合，让上班族也能轻轻松松管理财富。

做足功课，让你成为理财能手

有人认为上班族的工资一般只够日常开销，即使有多余的钱也没有更多的时间来管理，所以上班族并不适合理财。不！其实上班族有固定的收入和互联网资源，更应该理财。只是在理财前要做足功课，避免盲目操作。

2.1
上班族也要分阶段理财

当有了理财的观念之后，就要着重理清自己的财务情况。上班族的收入每月固定，但处于不同的职业阶段会有不同的财务状况，初入职场的用户和企业管理者一定是不同的。

本节就通过不同的理财情况来帮助用户找到一种最适合自己的理财方案。

2.1.1 一个人的财务周期

人从出生到离去，要经过少年、成年和老年 3 个时期，由于少年时期是没有收入来源的，因此生命周期中理财是从成年以后开始，可以把理财分为 3 个阶段。

（1）单身阶段

单身时期，普通上班族的收入一般不高，但正因为如此，养成强制储蓄的习惯是投资理财的基础。这时候主要是赚钱与攒钱，克制对消费的欲望，减少没有必要的消费就是增加储蓄。

上一章中介绍了信用卡，这个阶段有一种观点是超前消费，这种观点是不对的，仔细分析就会发现问题。明天的钱从哪来？明天的钱怎样还？还不是得需要从自己手里拿。

在某二线城市工作的会计王某，一个月工资有 6 000 元，其实收入还不错，但就是她花钱没计划，所以就存不住钱，以至于工作几年存款寥寥。

都说理财的种子是在储蓄中茁壮成长的，所以存钱应该从每一分小钱开始的。王某月薪 6 000 元，多的不说，一个月存 500 元、1 000 元应该还是不难的，我们计算一下：

如果一个月存 500 元，那么一年下来就有 6 000 元，十年就有 6 万元。如果一个月存 1 000 元，那么一年下来就有 12 000 元，三十年就有 36 万元了。

所以千万别忽视攒钱的重要性，简单来说，500 元也许就是两顿火锅或者一套化妆品的价钱，可长期节省下来，对王某就是一笔巨大的财富。

（2）成家阶段

成家就意味着独立，相对来说就必须承担各类"风险"，这时候夫妻两个人的收入肯定比一个人的收入要多，所以要规划更有品质的生活以及子女的教育问题。

从当前的社会情形来看，如果勤俭节约，不过度浪费结婚后小两口可能会有一部分的储蓄，这部分钱最好用作定期储蓄，以应对家庭突发事件。此外，家庭生活费用、子女教育费用、父母的赡养费用和家庭的品质追求都是需要考虑的。

（3）退休阶段

退休意味着享受生活，实际是很多人退而不休，又承担起看护下一代的责任。这个时候可能有一些养老金，但并不意味着可以和年轻上班族一样承担一些风险，这时候的理财自然是以稳健型为主。

2.1.2 利用财务周期的理财技巧

无论你正处于人生的哪个阶段，是初入职场的低收入群体，还是家庭压力较大的普通上班族，或是没有经济压力的高收入群体。无论收入多少，都应该利用财务周期，找到最适合自己的理财方式。

要实现真正意义上的财富增值，就需要逐渐开始转变观念，学会理财技巧，具体可参考图 2-1 所示的内容。

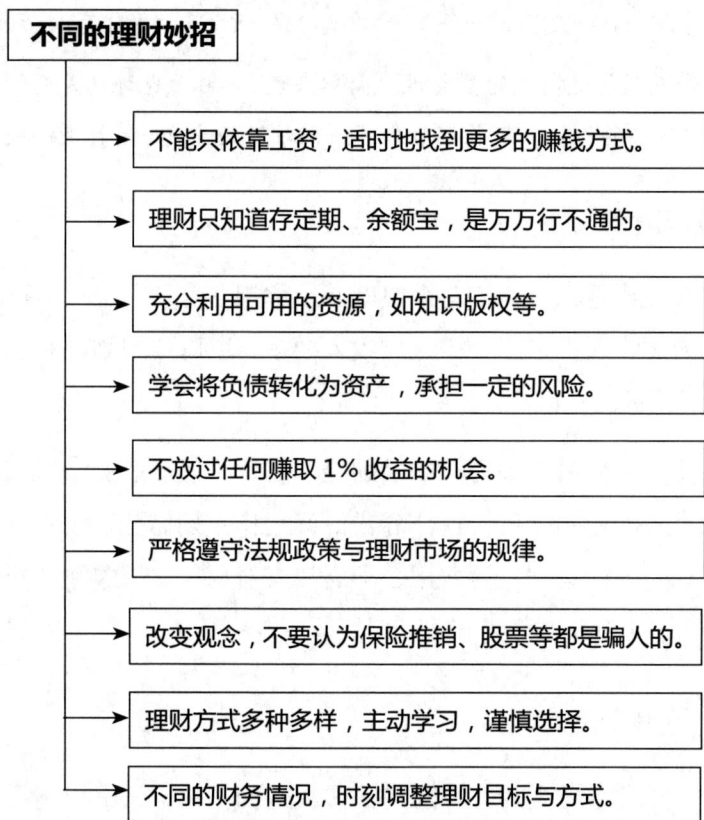

不同的理财妙招

- 不能只依靠工资，适时地找到更多的赚钱方式。
- 理财只知道存定期、余额宝，是万万行不通的。
- 充分利用可用的资源，如知识版权等。
- 学会将负债转化为资产，承担一定的风险。
- 不放过任何赚取 1% 收益的机会。
- 严格遵守法规政策与理财市场的规律。
- 改变观念，不要认为保险推销、股票等都是骗人的。
- 理财方式多种多样，主动学习，谨慎选择。
- 不同的财务情况，时刻调整理财目标与方式。

图 2-1

普通的上班族，有自己的理财意识，平时接触互联网也多，大可按步开展理财计划。

（1）每月定存收入的 20%

作为年轻人，虽然未来不可估计，但首先要改变的就是"先消费后储蓄"的西方不好的享乐主义理念，应变为"先储蓄后消费"。每月拿到收入之后，直接转存 20% 的收入到自己单独的一个账户，剩余的钱用于日常生活。采取这种方式，可以有效地避免过度消费，成为月光族。

（2）节省一些不必要的开销

对于年轻人来说，必要的开支一般是房租、吃饭以及交际等，如果真有自己的理财规划，除了不必要的支出，也可在这些方面适当节省。比如和朋友合租，出行多乘坐公交车、地铁及骑共享单车。这些看似生活中的零零碎碎，也可能省下不少的钱。

（3）重视个人保障

上班族都拥有社保，但社保只是基础保障。有能力的话，可再为自己配置重疾险和意外险，进一步增强个人保障。一般保险的费用不要超过总收入的 1/10。

（4）寻找适合自己的理财机会

上班族风险承受能力不高，可将现有的资产进行分散，合理配置理财产品。

比如拿出理财资金的 1/3 用作余额宝投资或投资于银行固定类收益理财产品，这二者中选一种即可；剩下部分可以选择 P2P 投资理财平台，年轻人对网络比较熟悉，学会擦亮双眼看清理财平台。

此外，如果空余时间较多的上班一族，可选择股票、贵金属定投等，利用自己的空余时间注意价格走势，做出合理决策。

无论最终制订什么样的理财计划，最重要的就是适合自己当下的财务状况，不可好高骛远，也不可浪费资产。

2.1.3 初入职场，收入微薄如何理财

很大一部分年轻人，初入职场，收入微薄，还未来得及享受自己养活自己的快乐，就已经被推到了生存的边界线。许多人说，我连生存下来都很困难，还怎么理财呢？首先来看看这部分人的特征。

◆ 工资收入较低，且不稳定，可能因经验不足或是年轻的性格而频繁更换工作。

◆ 生活成本高，如房租等，生活开支占工资比例较高，很少有余下的钱。

◆ 难以克服冲动消费、社交等欲望，容易产生一些本可规避的额外开支。

◆ 部分人存在借钱行为，包括信用卡、蚂蚁花呗等。

◆ 没有投资理财的意识或专业能力，或是认为基数小，对太少的利息不看重。

针对以上的情况，初入职场的年轻人有什么样的理财需求呢？

◆ 最好用一定的余钱带来收益，达成某个小目标。

◆ 能改变自己的花钱习惯，勤俭节约，逼迫自己攒钱，养成积累的好习惯。

◆ 早点学会理财，积累经验，现在理小财，将来理大财。

◆ 收入微薄的年轻人，理财看重的 3 个要点：第一是安全性；第二是流动性，必须保证要用时能取得出来；第三是收益性。

下面，我们通过一个案例来看一看初入职场的年轻人应该如何理财。

李某，25 岁，毕业于上海某知名大学，进入职场也就一年多。与大多数刚进入职场的人一样，李某的工资也不算太高，扣除五险一金

和个人所得税，每月约为 5 000 元。但是，在上海这样的大城市生活，每月 5 000 元的收入，再扣除房租水电和柴米油盐之后，几乎没有剩余。

其实在读大学的时候，李某就是一个勤工俭学的孩子，经常利用假期做家教打工，加上父母给的生活费，李某现在总共还有 5 万元的存款。

如今，生活的压力越来越大，除了努力工作，如何尽快买房买车，成了李某当下最大的困惑。

就上述财务情况来看，李某本人的情况和大多数初入职场的年轻人一样，主要问题是资金少，导致投资成本不足，投资风险承受能力低。其次，月储蓄率处于中等偏下水平，说明存在支出过高的问题。

针对这样的普遍现象，可以对李某以及大多数初入职场的年轻人提出如图 2-2 所示的建议。

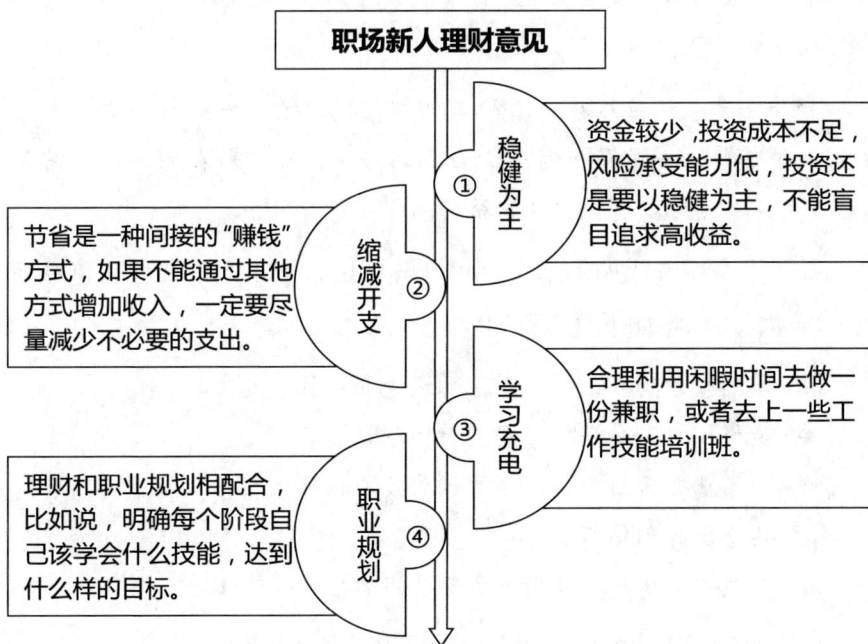

图 2-2

2.1.4 收入稳定，怎么样理财更好

当你在职场打拼多年后，收入逐步稳定，甚至达到一个较高的标准时，理财的目标与方法自然要发生改变。首先来看一个案例。

李小姐今年 31 岁，是一个典型的工作狂，她的职位是大型培训机构的部门主管，月收入税后 5 万元。李小姐工作能力非常强，经常可以超额或提前完成每月的考核标准。对待工作也从来不含糊，周末碰到公司举办的各种活动，她从未缺席过。

不过，李小姐虽然收入较高，但是业余生活是比较简单的，只要碰上休息日或是假期，除了每月交给父母的 2 000 元外，自己也就是买买衣服、化妆品等日常开销，每月 8 000 元。

据统计，李小姐有活、定期存款及现金 35 万元，整体资产非常不错。而且李小姐至今还没有男朋友，目前和父母同住，无负债，是典型的"单身贵族"。

如今，李小姐虽然对生活和工作都比较满意，但是李小姐还有两个较大的梦想，一是买一套属于自己的房子，目前所在城市大约需要 200 万元，二是可以有一次环球旅行。

针对上文中李小姐的情况，可以分析出，李小姐是典型的单身高收入群体，可注意如下财务管理要点。

◆ 虽然收入较多，但也要注意避免不必要的花费。

◆ 最好树立一个目标，在何时实现该目标。

◆ 善于选择理财工具，不要因为没有时间或工作太忙就将所有的钱全部存到银行。

◆ 为未来的优质生活做好充足的准备。

以下是针对李小姐的情况制订的理财计划。

（1）合理分配资金

由于李小姐每月支出比较多，虽然她的收入比较高，但还是建议李小姐首先要适当节省开支，然后将平时需要支出的费用与投资理财的资金进行划分，合理分配现有资金。同时还要做到存款和每月工资的合理分配。

（2）旅游基金

李小姐有一个环球旅行的梦想，这需要一大笔花销，建议她可以设立一个"旅游基金"，这其中的资金可专门用来投资固定收益类产品，以得到长期稳定的回报。如果不用已有的资金，可选择每月定投来实现旅游的梦想。

特别要提醒的是，年轻人不要随意制订脱离实际的计划，最好是实事求是，根据自己的收入来制订。

（3）理财产品的选择

年轻人，选择 P2P 是一种较好的方式，相较于其他理财产品，收益率还是很可观的，但 P2P 存在很大的不确定性。建议李小姐投资时一定要谨慎。

目前李小姐有 35 万元存款在银行，这些钱可以拿出来一部分来购买股票，适当地承担风险。但因为李小姐工作比较忙，所以不可能随时在电脑前分析走势，建议少买几只股票，便于管理。其余的资金可以买一些含股票的混合类基金，等资金积累到一定程度时还可以买一些多策略基金，这些是不需要花太多的时间和精力去管理的。

（4）购买保险

根据李小姐的情况，无论她是否已经拥有保险，都建议增加保险的投入，可对疾病、意外等险种加大投入。同时适时地选择一些理财型保险，进行长期稳定的投资。

（5）买房计划

首先，李小姐可以每月固定存一笔钱，或在自己原有积蓄的基础上，尽快攒足买房的首付款。同时，对年轻人来说，后续的房屋维修资金、物业管理费、装修费用和家具电器等，都需要一笔较大的开支，特别是想要立即入住，那就更要将这笔钱预先备齐。

此外，建议李小姐还款年限选择 15~20 年较为合适。如果贷款年限过短，还款压力相应较大；而贷款年限过长，受加息等政策影响相应也会加大。同时，李小姐在购房时能用多少公积金就尽量用多少，以减轻压力。

2.1.5　成家立业，如何理财最好

当走过单身阶段，成家立业，就意味着身上的责任更大。如今，也有越来越多家庭意识到投资理财的重要性。许多普通的家庭，夫妻两人共同上班挣钱，承担教育子女和赡养父母的重任，那么这类人该如何理财呢？

张先生是典型的三口之家，他今年35岁，事业单位工作，职业稳定，有一个儿子6岁，家庭成员身体健康。夫妻两人每个月总收入9 000元，年底总奖金大约1万元。夫妻俩每月日常开支在5 000元左右（其中公用的生活费：2 500元，衣食费用：2 000元；交通费用：300元，其他

200 元），目前的资产情况为一套自住房。有活期存款 1 万元，定期存款 10 万元。

张先生是一个极为重视家庭保障的人，因此他拥有一份人身保险，每年交 200 元；一份养老保险；每年 2 000 元，20 年后到期，一次性领取 10 万元。儿子有一份两全保险，缴费期 20 年，每年缴保费 3 000 元，三年一次分红，数额不定。可是妻子目前没有购买保险。

张先生一家是极为普通的工薪家庭，在这样的情况下，他提出了如下的家庭理财目标。

1. 张先生计划两年内购买一辆 15 万元左右的汽车。

2. 儿子开始上小学，准备足够的教育金。

3. 为妻子购买一份保险。

4. 计划在 10 年内为儿子购买一套房，因为房价上涨，因此此目标越快完成越好。

张先生一家怎样理财才能达到目标呢？

（1）节约消费，为投资提供更多资金

张先生一家虽然只是工薪阶层，日常消费支出控制在合理范围内，但如能精打细算，还是可以在保证生活质量的情况下减少支出，为投资规划提供更多的资金。

（2）购买综合意外险，提高家庭稳定性

张先生家庭收入主要为两人的工资收入，所以有必要通过购买意外险来保障自己的收入能力，并且在此基础上，为妻子和孩子购买适当的健康险和意外险。

（3）选择理财产品

目前的1万元活期存款可以不动,张先生需要照顾孩子和赡养老人,所以这部分钱可作为应急准备金。

当然,剩下的 10 万元资产,可以不用都放在银行,购买 P2P 理财产品,或较高收益率的银行理财产品,时间较短,可快速获得收益,取回也较为方便。

如果有年终奖等多余的钱,可以适当选择股票、基金等理财产品。

针对工薪家庭理财,有如图 2-3 所示的建议。

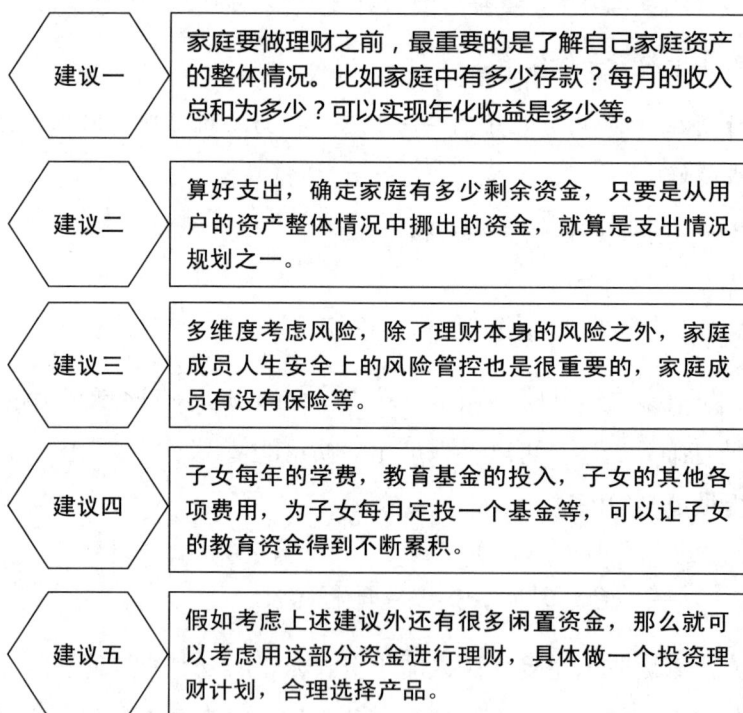

建议一	家庭要做理财之前,最重要的是了解自己家庭资产的整体情况。比如家庭中有多少存款?每月的收入总和为多少?可以实现年化收益是多少等。
建议二	算好支出,确定家庭有多少剩余资金,只要是从用户的资产整体情况中挪出的资金,就算是支出情况规划之一。
建议三	多维度考虑风险,除了理财本身的风险之外,家庭成员人生安全上的风险管控也是很重要的,家庭成员有没有保险等。
建议四	子女每年的学费,教育基金的投入,子女的其他各项费用,为子女每月定投一个基金等,可以让子女的教育资金得到不断累积。
建议五	假如考虑上述建议外还有很多闲置资金,那么就可以考虑用这部分资金进行理财,具体做一个投资理财计划,合理选择产品。

图 2-3

2.2
分散投资，让财富更稳健

分散投资也称为组合投资，是指同时投资在不同的资产类型或不同的理财产品上。分散投资引入了风险和收益对等的原则，可以在不降低收益的同时降低风险。

作为上班族的年轻人，承担风险的程度较小，但接受新鲜事物的能力较强，分散投资是较为适合的。

2.2.1 适合年轻人的分散投资

分散投资，一方面，从资金安全角度考虑，可以将投资者资金分散，保障投资者的资金安全；另一方面，从选择平台风险角度考虑，分散投资可以在一个平台出现问题时，另一个平台可以分担投资者在其他平台遭遇的风险。年轻人在进行分散投资的时候，具体体现在哪些可操作角度呢？

（1）产品分散

产品分散是最简单直接的一种，也可以称之为行业分散，就是把资金分散在不同的投资工具上，如定期存款、股票、基金、债券、保险、银行以及 P2P 等。如果把资金集中在一个工具，一旦这个工具或行业不景气，就会对投资人造成很大的影响。

对于上班族中的理财新手来说，产品分散很重要，可以熟悉不同领域的理财方法与技巧，找到适合自己的领域。

（2）平台分散

如果你选择了理财工具，那么不要把钱都放在一个平台上。比如当你投资 P2P 理财，尽量把资金分散在 2~3 个平台上。如果一个平台出现风险或是选择的项目逾期未支付，至少其他几个平台的资金还是安全的。

平台分散尤其适合风险较大的投资领域，如果是银行存款或是银行理财，那么其实没必要选择多家银行，银行的风险是非常低的。

（3）资金分散

资金分散是一种非常简单的分散投资方式，也适合单一的理财工具。如果你选择了银行定期存款，那么可以将自己的钱分为多份，存为定期存款，这样在你需要的时候，只需要支取其中的一份即可，不会影响其他定期存款。

（4）风险分散

同一个平台的不同理财产品，风险是不同的，比如在互联网理财平台上购买的各种保险、基金产品，不同类型的产品风险差异非常大。

同样是保险，投资连结险的风险要大于分红险；同样是基金，股票基金和指数基金的风险要大于货币基金、债券基金。因此不建议在高风险领域配置过高的理财资金，尽量控制在 30% 以内，其余的可选择一些低风险产品。

（5）周期分散

不同的理财产品有不同的投资时间，如 P2P 产品的投资周期控制在 12 个月以内，有较少部分超过了 12 个月，不同 P2P 公司的业务情况不同，周期也各不相同。在投资时，辨析长短期项目的优劣势，选择周期分散（长短期合理分散），可以更好地解决个人现金的使用问题。既有长期投资也有短期投资，才是合理的理财组合。

2.2.2 分散投资的六个步骤

分散投资，其实就是规避风险的基本操作。那么作为上班族的基础投资者，该如何进行操作呢，具体如图 2-4 所示。

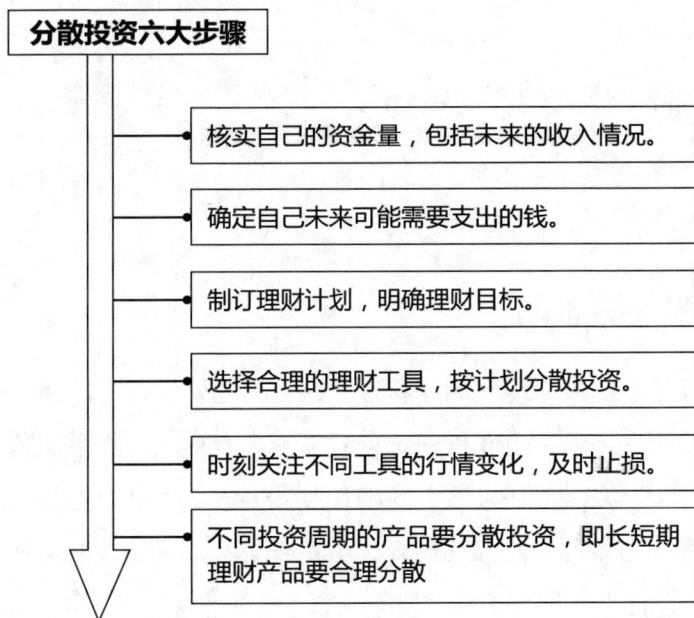

分散投资六大步骤

- 核实自己的资金量，包括未来的收入情况。
- 确定自己未来可能需要支出的钱。
- 制订理财计划，明确理财目标。
- 选择合理的理财工具，按计划分散投资。
- 时刻关注不同工具的行情变化，及时止损。
- 不同投资周期的产品要分散投资，即长短期理财产品要合理分散

图 2-4

分散投资最重要的作用就是规避风险，但有的时候，如果对理财市场不够了解，胡乱组合，可能带来更大的风险。

在某企业做管理工作的王先生，多年下来，积累了 50 万元。在知

道 P2P 的理财方式后，他经过深入研究和多方比较，决定将 50 万元资金全部投向 P2P 平台。出于安全考虑，他将 50 万元分别投向了 5 家 P2P 平台，每家平台都投资了 10 万元。

王先生心想："只要亏本的不超过 2 家，那我就是稳赚不赔的"。到 2017 年年底，王先生真的已经赚了八九万元。

可是，天有不测风云，2018 年全国各地集中爆发 P2P 平台跑路潮，P2P 理财哀鸿遍野。王先生也未能幸免，投资的 5 家平台里有 3 家平台倒闭、跑路或产品亏损。这么一来，一下就把 2017 年的收益赔光了，自己还贴了几万元钱。

2.2.3 适合上班族的理财组合

针对上班族的收入特点与理财需要，有一些经典的理财组合适合进行分散投资，可适当转移风险。

（1）最简单的方式

银行储蓄是最为传统的理财方式，它的好处就在于能帮助用户养成爱储蓄的好习惯，也非常稳定，基本不会有损失。除了储蓄之外，投资者可以购买短期理财产品，周期短，收益较高，稳定性也好。因此，银行储蓄＋短期理财产品的组合，虽然收益不如其他理财工具，但相对简单，适合上班族。

（2）最稳健的方式

对于收入较低、有少量存款的稳健型的上班族来说，投资组合中无风险或低风险的产品比重较大，建议配置 60% 的固定收益类产品 +20% 的货币基金 +20% 的股票，多配置一些固定收益类理财产品，本金有保障的同时，收益更稳定。

（3）激进的组合

对于没有太大经济压力，收入较高的上班族而言，投资组合中高风险的产品所占比重较大。建议 50% 的股票 +30% 的固定收益类产品 +20% 的货币基金，这种方式能让激进型投资者在最短的时间内使其投资组合的收益最大化。

（4）时间灵活型

时间灵活一般指既包括短期投资，又包括长期投资。一般 3 年期国债的利息在 5% 左右，5 年期的利息在 6% 左右。国债时间较长，但是是最保守的一种投资方法，再配合一款 90 天以内的银行理财产品，是非常适合上班族的。

（5）同平台多选择

现今，以余额宝、理财通等为代表的一批互联网理财产品比较受到职场用户的欢迎，是工资、年终奖金等重要的理财渠道。如余额宝年化收益率为 3% 左右，可替代活期储蓄，资金也能随用随取。同时在支付宝平台，也方便用资金购买保险，同时货币基金等产品可搭配组合。

📟 **知识加油站**

分散投资化整为零、化大为小。市场上的理财产品非常多，组合的方式也是多种多样，在本书的后面几章，会着重对其中的部分产品进行介绍。同时，投资者在分散投资的时候，需要考虑投资机构或银行收取多笔手续费的问题，避免投资成本的增加。

2.3
思维开阔，成为办公室大赢家

上班族投资理财，要充分利用自己的优势，将思维放开，不要惧怕风险，擦亮双眼，分清利弊，才能在人群中脱颖而出，成为办公室的理财赢家。

2.3.1 关注财经动态，别沉迷于游戏

每个人一开始都不是金融专家，也并非人人都是理财高手，但这并不意味着我们不能通过各类手段获取金融知识，分析理财行情。上班族应当充分利用网络，在工作闲暇之余关注财经动态。

如今的金融网站很多，大致可分为如下一些。

（1）理财门户网站

理财门户网站是投资者关注财经信息最好的去处，它为广大金融投资者提供多角度、深层次且全方位的理财综合服务。

在理财门户网站，一般具有权威、专业、全面又及时的信息优势。通过公告通知、理财新闻、理财产品、统计分析、法律法规、理财研究、投资者教育和创新业务等主要版块，为投资者提供权威的理财资讯和产品信息。如图 2-5 所示的第一金融网，就是一家很受欢迎的理财门户网站。

图 2-5

（2）投资机构网站

投资机构网站也有很多，目前国内一些大型的投资机构都有自己的网站。在这些网站上面不仅包含更直接的产品信息，还可以快速地了解到自己购买的理财产品的信息。如图2-6所示为某P2P网站的首页。

图 2-6

（3）银行门户网站

银行门户网站也就是银行所运营的网上银行＋门户网站，在上面除了可进行银行金融操作，也可以学习金融知识、了解财经动向。如图2-7所示的是中国银行网站首页，其中包含了丰富的理财知识。

图2-7

知识加油站

好的理财网站一般有专业的 UI 设计，使用起来更方便、流畅，而虚假的理财网站不管你使用起来是否流畅，其外观可能跟其他正规网站有太大差别。所以，从界面来判别虚假网站，是一个很直接的方法。此外，IP 地址显示在国外的，诈骗嫌疑极大，一旦受骗，由于服务器在国外，追回的希望极其渺茫。

2.3.2 理财贵在坚持，不可影响工作

理财是一项长期的事业，上班族虽然工作较忙，但也不能因为这样就三天打鱼，两天晒网。股神巴菲特也曾说："我不懂怎样才能尽

快赚钱，我只知道随着时日增长赚到钱。"

当你下定决心要进行理财，就不要动摇，让它成为你的一种生活态度，成为你的一种需要。当理财成为一种生活态度时，面对无从下手的发票，你就不会愁眉不展了；当理财成为一种需要，你就不会今天理财，明天不理财，后天又理财这么反复了。

举一个简单的例子，如果按照某产品年化收益 10% 计算，7 年多资金就可以翻倍；如果是 20% 的收益，3 年半就可以翻倍。在很大程度上，时间成本比利率更重要。

有计算指出，一年 12 个月中，如果有一个月不投资，12% 的年利率就变为 10% 了。因此说，只要坚持投资，就可能最终获得理财成功。

2.3.3 不要被"传销"方式欺骗

"传销"是老百姓深恶痛绝的一种诈骗方式，组织者或者经营者通过发展人员来获利，传销行为严重扰乱经济秩序，影响社会稳定，是国家明令禁止的。可是如今，传销又披上了"理财"的外衣，号称是"钱能快速生钱"，但实际上真是这样吗？

四川的投资者王某，2018 年初被朋友多次拉到当地酒店，去参加"民间自愿互助理财"的理财讲座或者行业酒会。会上会下，经常有多个人向王某介绍一个名为"民间互助理财"的养老项目，称这个项目是国家扶持的。

据悉，这个项目只需要投资者投资 50 万元，两年内便可获利 120 万元，并拿出了所谓的国家文件等材料。王某在多人的"围攻"下，抵挡不住利益的诱惑，最终选择加入投资队伍。

据王某介绍，他加入前，这个项目的组织者宣称，一次投入多次回报，不发展其他投资人也能拿到6万元。但王某投入50万元后没几天，组织者又宣称为了能够快速获得120万元，需要再次投入资金参加所谓的"抢点"。

为了能够尽快赚到钱，王某再次投入资金，后来他就越陷越深，本来不打算发展人的他，为了尽快赚到上百万元，他又邀请亲朋好友来听课，并且加入了投资队伍。

就这样，王某彻底陷入了这场"传销"骗局，他以为很快就能拿到高额回报，没想到没过多久却听到噩耗，利息一分没返，组织者却不见踪影、本金更是不知去向了。

就像上面王某遭遇的理财传销一样，形式和传统的"小黑屋人身限制"也有不同，但这些传销骗局也有一些共性在其中。要想识破骗局，大家可以从以下3点入手。

（1）看是否有"层级"

上面所谓的"发展其他投资人"、"抢点"，就是典型的传销层级，承诺投资者只要发展下线就给一定比例的提成及奖金，并对投资者进行"分层"，不同层级的投资者可获得不同比例的提成。

一般来说，只要层级达到3级以上，那基本上就可以定义为"传销"了。一旦进入这样的骗局中，不仅可能被骗钱，自己也可能会因涉嫌传销而受到惩罚。

此外，投资者如果看到资本运作、消费返利、爱心互助、原始股、虚拟币、动态收益、静态收益、推荐奖、报单奖和对碰奖这些传销惯用词时，就要有所警觉，不要被这些花哨的概念炒作蒙蔽。

（2）看是否有高收益

真正的理财，不可能让你一夜暴富，而在传销式的理财骗局中，都能看到"高收益"、"回报率高"以及"年化收益率高达 50%"之类的宣传语。可以说，以"高收益"来蛊惑投资者已成为很多理财传销的重要手段。

（3）看是否有"组织"

为了让传销骗局看上去更可信一些，有一些平台会打着"国资"旗号，或号称自己是国际交易平台，也有一些是"民间公益组织"等。这些看着高大上的平台，实际上却未必是合规平台。

投资者最好先在网上查找平台的相关资料，看看是否有负面新闻。同时，也可以登录国家企业信用信息公示系统，看该平台是否存在异常，成立时间是什么时候，是否有相关证照等。

2.3.4 利用专业优势，多渠道创收

前面讲到，理财不仅仅在于以钱生钱，还在于开源节流，上班族可以充分利用自己的专业优势，多渠道创收。

上班族做兼职，最好是选择你现在所从事的相关职业，上手快，易操作，还可以拓展眼界，提升个人专业技能。如果你是个设计师，那你可以利用空闲的时间接设计名片、LOGO、海报或 DM 单等工作，按次付费，不会影响自己的正常工作。

如果你是个会计师，那在业余时间可以兼职给其他公司做财务报表。很多小公司都没有全职会计，基本一年的财报都交由兼职会计完成，会计行业是常年的工作，是很适合上班族的。

如果你是个文秘或是文字工作者，可以在业余时间做翻译工作。在这个过程中，不仅可以获得收入，还可能接触到各行各业的稿子，学到各方面的知识，可以边学习边工作。

无论你选择什么样的兼职方式，上班族进行兼职创收，最重要的是注意如下两点。

（1）合理安排时间

首先，正式的工作和兼职工作都必须用一定的时间来完成，这样才能够保证得到收入。首先要保证自己兼职的工作不影响正式工作，同时，正式工作也需要给兼职工作预留一定的时间。如果没有太多的业余时间，建议不进行兼职。

（2）避免上当受骗

上班族想要进行兼职，很多时候是通过网络找到兼职工作，但是网络信息五花八门，有的时候会被一些高工资诱惑，如"论坛回帖、10元一帖"、"高价收设计稿"等。一些上班族轻信了这些广告，最终花费时间和精力干了活，却拿不到任何酬劳。甚至有一些上班族，在一些兼职网站交纳所谓的"介绍费"，最终却没有找到适合的兼职。

开源节流，上班族攒钱是第一步

在前面讲到，攒钱也是理财的一种方法，上班族工资收入固定，每月按计划进行收支平衡，会达到非常好的理财效果。本章我们就来看看上班族有哪些财富积累方式，不同族群的上班族，又有哪些具体的财富积累技巧。

小账本，大学问

家庭记账也是一门科学，必须按照科学的方式来进行，才能有效果。所谓"小账本，大学问"，本章第一节就详细讲述上班族该如何进行理财记账。

3.1.1 记账的大学问

许多人认为记账是一件麻烦的事，实际上在记账过程中，只要做到"坚持记账，减少记账的工作量，降低记账的枯燥性，记出效果来"，记账就会成为一件有效且有趣的事。

（1）及时、连贯、准确

作为上班族记账，首先要到及时、连贯和准确。及时就是保证记账操作的及时性，不要遗漏任何一笔支出；对某些余额比较敏感的账户，如信用卡账户等，采用及时记账即可实时监控账户余额。

记账的连贯性就是必须保证记账是接连不断的。不要三天打鱼两天晒网，一时心血来潮，就想到记账，一时心灰意冷，就弃之不理。记账必须要有长远的打算和坚持下去的信念。

记账时，方向不能错误，特别是不能将收入和支出搞反。另外，每笔账款记录都必须指定正确的分类，否则最后在月底汇总的结果就会不准确。

（2）分类的重要性

上班族每个月的收入有限，每一方面的需要都要适当满足。从平日养成的记账习惯，可清楚得知每一项目的花费情况以及需求是否得到满足。

我们在记账时，要特别注意分类，比如支出最简单的分类可分为衣、食、住、行、用、通信、育、乐和其他支出九大类。

例如，如果到商城共消费 1 500 元，应该将每个购物细项分类记录下来，千万不能只记"今日花费 1 500 元"，这样不仅无法了解金钱流向，记账的目的也达不到。

知识加油站

记账最直接的作用就是摸清收入、支出的具体情况。看看自己到底挣了多少钱，花了多少钱，钱都花在什么地方。还可以知道维持日常生活需要多少钱，剩下的钱可以考虑进行消费或投资。逐笔记录自己的每一笔收入和支出，并在每个月底汇总一次。久而久之，就可以对自己的财务状况了如指掌。还可以形成非常明确的理财方向。

3.1.2 如何快速记账

个人的账本一般有 3 项，分别是开支账、交易账和预算账。开支账是一个人在理财中的第一本账，也是最关键的一本账。注意划分收入和支出，区分是流入或流出哪个具体账户的。如将一笔支出拆分为生活费、休闲和利息支出。这样可方便地查看账户余额，以及对不同账户进行统计、汇总及分析，清楚地了解个人资金流动的明细状况。

除了收支账，还要关注其他投资交易的情况，当我们进行了投资，就会产生例如基金账、国债账等。不同类型的交易，要对应不同的账户。这与日常开支的记账原则基本一致，所有的投资交易都要载入这本账目中。比如，定期存款要载入存取款记录，保险则要说明缴纳保费、退返保费以及分红等。

此外，预算是对未来一定时期收入和支出的计划。一般是参考过去的收支和投资情况，找出那些超标支出项目和结余项目。

预算关系个人的理财目标，如果没有预算计划，不管是长期的还是短期，都很难实现当初设立的理财目标。

除了了解 3 个账本之外，个人日常记账的三大步骤也是必须要了解的。

（1）收集单据

对专业的财务人员来说，单据就是生命。普通人日常记账也一样，收集单据是记账的首要工作，平常消费时也要养成索取发票的习惯。

平日将购货小票、发票、借贷收据、银行扣缴单据、刷卡签单、银行信用卡对账单及存 / 提款单据等都保存好，放在固定的地方。在收集的发票上，清楚记下消费时间、金额和品名等项目，如果单据没有标识品名，最好进行标识。

在这些单据收集全后，按消费性质分类，每一项目按日期顺序排列，方便日后进行统计。

（2）细化收支

个人记账最烦琐也是最基本的就是将每月收支进行细化分类。要使收支一目了然，易于分析，还得要分门别类地记账。

一般来讲，个人记账的时候，应把收入分为以下几类。

◆ 工资(包括基本工资、各种补贴等)，一般指具有固定性的收入。

◆ 奖金，此项收入变动性较大。

◆ 利息及投资收益（家庭到期的存款所得利息、股息、分红和股票收益等）。

◆ 其他，这项数目不大，属于偶然性的收入，如房租、稿费等。

除了收入外，支出也有 4 个明细项目。

◆ 生活费（包括家庭的柴米油盐及房租、房贷、物业费、水电费和电话费等日常费用）。

◆ 衣着交通（家庭购买服装的费用以及每个月的交通费）。

◆ 储蓄（收支结余中用于储蓄、购买基金或股票的部分）。

◆ 其他（反映家庭生活中偶然、不经常性的消费，如旅游等）。

除此之外，也可根据自己的实际情况对项目做相应调整，如增设"医疗费"、"赡养父母费用"和"再学习费用"等。

（3）分析数据

我们记完账，一定要学会对其进行分析，这也是记账最重要的一个步骤。

对每月收支情况进行分析，制订下一个月的支出预算。支出预算基本可以分成可控制预算和不可控制预算，每月的生活费、交际和交通等费用是可控的，好好筹划这些可控支出，是控制支出的关键。

此外，如果要进行投资理财，记账可以在购买股票、基金以及国债时方便决定购买总额，并保证所投入的资金不会因为需要支付生活支出而受到影响。

3.1.3 善于使用记账 APP 分析财务状况

年轻人经常使用智能手机，利用手机 APP 记账也是非常便利的，它不仅可以帮助我们随时随地精准记账，也可以帮助用户对财务状况进行分析。

进入手机 APP 市场，搜索"记账"关键字，就会看到很多记账软件，如"随手记"、"口袋记账"等。选择"随手记"软件下载安装，打开 APP，选择一款适合自己的账本，即可直接进入 APP 主界面，其中除了丰富的记账功能，还有账户管理、投资理财等界面。点击"记一笔"按钮就可以开始记账，如图 3-1 所示。

图 3-1

日常记账包括"支出"、"收入"和"转账"等。选择"支出"项，在切换到的界面中输入支出的金额，同时选择本次支出的分类，点击下方的"保存"按钮即可成功记录一笔支出。

记录收入账单操作相同，选择"收入"选项，在切换到的界面中输入收入的金额，同时选择本次收入的分类，点击下方的"保存"按钮即可成功记录一笔收入。返回主页面，即可看到已经记录好的账单数据，包括本月总收入、总支出数据。如图 3-2 所示。

图 3-2

在记录过程中需要注意，如果不是随时随地记账，而是后期利用单据进行记账，要注意选择时间，避免账单记录错误。

在主界面上方的"收入"或"支出"任意位置点击屏幕，即可看到本月详细的账单流水，方便用户详细了解本月的支出情况。

继续在下方选择"更多"选项，即可看到非常丰富的功能，如选择"支出分类管理"选项，即可看到本月支出的统计数据，方便用户在储蓄积累、投资理财过程中调整计划。如图 3-3 所示。

图 3-3

3.2
不同的收入如何积累理财

上班族虽然有着同样的收入特点，但不同的人也有一些细节上的区分。如销售工作者可能某一个月突然有较多收入，高科技企业员工可能拿到较高的年终奖。对于不同的收入情况，应该如何做到有效积累财富呢？

3.2.1 职场新人月入 3 000 元

作为刚踏入工作岗位的年轻人，月薪可能在 3 000 元左右，这个收入只是刚刚够用。如果想要投资理财，不应该在乎收入的高低，而在于个人愿不愿意理财，具体来看下面的案例。

陈某是今年刚毕业的大学生，在某汽车 4S 店做宣传工作。由于没有任何经验，每月收入仅有 3 000 元。对于陈某来说，这点工资根本就不够用，每月房租费 1 000 元，剩下的都用于吃穿行以及交际了。那么，陈某应该如何控制收支平衡呢？

【生活费】

首先，陈某应该拿出收入的 1/3 用于支付生活费和房租费、交水电煤气费、交通费以及通话费等。这些费用是生活中必须支出的部分，主要保障最基本的生活物质需求。所以，陈某 1 000 元的房租可能会过高，可以选择与朋友合租等来节约开支。

【储蓄】

虽然收入低，但陈某每月也可拿出 1/3 的收入进行强制储蓄来积攒资金。如果担心自己攒不下钱，可根据每个月发工资的日期自动进行定期定额扣款，这是银行将活期收入转入定期扣款的方式，具有一定的强制性。

【剩余费用】

剩下的这部分收入，可以根据自己各阶段的生活目标，有侧重点地使用，如旅游、同学聚会等。

📟 知识加油站

初入职场的时候收入肯定不高，本金不多，想要通过投资金融产品来达到财务自由几乎是不可能的。所以最稳当和投资回报率最高的投资就是投资自己，比如设置一个学习基金，用来买书、参加培训班等。

3.2.2 年收入 30 万的积累理财

当你在一个行业站稳脚跟，收入自然就会增加，此时除了生活条件得到改善之外，理财的计划也应该随之改变。

李先生今年 30 岁，是一家律师事务所的律师，虽然年纪轻轻，但收入已经很可观了。目前，李先生有存款 30 万元，每月平均税后收入约 2.5 万元。开支方面，主要是还每月 5 000 元的住房贷款，另外，生活开支每月 5 000 元左右。

另外，李先生爱好旅行，计划年底进行一次东南亚旅行，预计花费在 1.5 万元左右。同时想明年购买一辆 20 万元左右的汽车，那么像李先生这样的高级白领应该如何理财呢？

李先生从事的工作是专业性非常强的律师工作，不用担心突然失业带来财务困扰，未来收入增加的概率较大。目前，李先生的个人收支大致如下：

李先生年收入约 30 万元，另外支出年均 10 万多元，每年能有约 18 万元的可支配收入。另外，李先生有一定的积蓄，也能做一些中等规模的投资来满足理财计划。因此有以下的理财建议。

【短期稳健投资】

李先生可拿一半左右的银行资金用于配置一些短期的稳健型投资，如李先生计划到东南亚旅游需要 1.5 万元左右，可进行 6 个月左右、产品回报率是 6%~13% 的理财产品投资。门槛不高，用来做短期投资还是比较适合的。

【股票投资】

此外，李先生也可以做一些风险收益较高的股票投资。尽管股票的操作较为复杂，也不能保证稳定性，但对李先生而言，长线投资还是比较有希望能获得较大收益的。

【积累投资】

李先生计划在明年购买一辆 20 万元的汽车，如果动用积蓄自然可以。但如果从现在开始，每月固定攒 5 000 元，一年之后便有 6 万元，虽然买不了车，但也是一笔不小的资金。同时建议李先生在购买汽车时可以选择按揭贷款，因为李先生收入稳定，不用担心无法还款的情况。

【保险及储备金】

最后，李先生应该保留足够的生活准备金和风险准备金，这部分资金数额不大，可存储在余额宝等投资 APP 工具中。同时建议李先生购买一年 1 万元左右的人生意外保险，以应对意外风险及疾病。

3.2.3 月入 2 万元的白领小两口理财

如今很多到异地工作的年轻人，工作收入都不错，可能正在谈恋爱，也可能刚刚成家，两个人共同面对生活、房子以及孩子的压力，这样的情况应该如何去积累财富呢？

张女士是一名白领，在报社上班。张女士的丈夫是一家公司的中层管理人员。张女士和丈夫今年结婚，婚后暂时住在丈夫公司提供的单间宿舍内。两人的家庭月收入接近 2 万元，但婚后他们的积蓄却很少。因为不久的将来他们就打算要孩子了，住宿舍自然是不方便。于是两人便打算贷款买房，同时好好规划自己的财务状况。

房子选择比较容易，拥有高收入的夫妻二人都是优质客户，贷款也应该没有问题。但是因为没有存款，20 万元的首付成了问题，因为平常夫妻二人都还保持着婚前的消费习惯，平时都比较无节制，这是不对的，偏离了我国优良的勤俭观念。目前为止他们的存款还不够20万元，看看周围和他们同等收入的朋友，大家都有了属于自己的房子，他们觉得理财迫在眉睫。

对张女士夫妻的理财建议：

【量入为出，改变消费习惯】

成家之后，一定要改变原有的消费习惯。建议张女士应该开始记账，对一个月的家庭收入和支出情况进行记录，然后对开销情况进行分析，哪些是必不可少的开支，哪些是可有可无的开支，哪些是不该有的开支等。

【强制储蓄，逐渐积累】

夫妻二人都是工薪族，发了薪水以后，首先要考虑去银行存钱。无论如何，在没有孩子的情况下，多多攒钱都是有利无害的。

建议进行零存整取这样"强制储蓄"的方法，从而改掉乱花钱的不良习惯，不断积累个人资产。

【尽快买房，主动投资】

夫妻二人经过一段时间的储蓄之后，如果达到购房的首付目标，这时就应尽快买房，千万不要达到理财目的之后不进行目标转化。此后，每月的工资首先要偿还贷款，减少可支配资金，从源头上遏制过度消费的情况。

【买房不是终点】

就张女士夫妻的情况来看，偿还房贷是一件较为轻松的事，但成家之后，很快将面临生儿育女、赡养父母等问题，以后漫长的人生，需要在年轻时就开始不断地创造财富、积累财富和规划财富。

3.2.4 销售人员工资不固定，如何攒钱

对于类似于销售岗位的上班族来说，收入情况一般是根据上一个月的销售额来决定的。可能上一个月能拿高薪，下个月就可能拿底薪，这类人应该如何积累理财呢。

张某是一家地产中介公司的销售人员，因为专业过硬、性格热情，很多时候都能与客户快速成交，一个月下来，能挣好几万元。但行业也有不景气的时候，一年中有一些时候只能拿到 3 500 元的底薪。

对张某而言，花钱没有节制是最大的缺点，当这个月挣到几万元的时候，就买名牌、大吃大喝，完全不为之后考虑，这样是对的。只能拿到底薪的时候，往往日常的生活很艰难，还要靠借钱生活。

针对张某的情况，一定要注意 4 点，让自己的财务状况更稳定。

【有节制的消费】

收入虽然时高时低，但有节制的消费是积累财富的关键，应该养成记账、储蓄等习惯。通过节制消费，让结余变多，从而积累更多的资金。不仅可以在发生紧急情况或收入较低时用来应急，还能实现将来的投资计划。

【制订投资计划】

收入时高时低也要有自己的整体理财计划。首先，无论收入多与少，每月拿出一部分钱进行定投，可以规定是当月收入的 1/3，这样即使收入时高时低，每个月也都能存下钱。

此外，也要选择一些较为稳定的长、短线投资产品，方便在需要时进行支取，也可长期获得收益。

【"销售"支出】

三百六十行，行行出状元，作为销售人员，会接触许多的人，参与很多的人情交往，这很可能会有额外的花费，这部分钱是需要考虑到未来支出的比例中的。

【本月救济下月】

本月救济下月就是说在收入较高时，可对下个月的生活进行规划。比如这个月的收入比较高，可交齐半年的房租，或多充值一些话费、电费等日常必要费用，以防止未来收入较低时出现窘迫的情况。

3.2.5 年终奖应该如何处理

上班族一定会遇到公司发年终奖的情况。发了年终奖过一个富足的年，自然是开心的，可是要积累投资，就应当善于利用年终奖，做一个好的理财计划。

（1）一万元以下的年终奖

刚入职场的人，年终奖可能不高，一般都是一个月或两个月工资总额，可能就是几千元或 1 万元。这部分钱虽然不多，但也可以进行很好的规划。

首先，预留出一部分资金给家人买新年礼物，剩余的可主要放到余额宝等理财产品中，以备不时之需。不可因为资金少，而追求风险高的投资工具。

因此，建议年终奖不高的上班族，短期 + 流动性好的理财产品最为合适。

（2）5 万元年终奖怎么办

年终奖在 5 万元左右的上班族，一般是属于企业的中层领导或技术骨干人员。这笔钱除了可用作积蓄之外，分散投资是很重要的。

上班族开年选择两款网络理财产品，如 P2P 或货币基金产品。此外，保险是年终奖理财较好的选择之一。每年 1 月份，保险公司都有开门红活动，年金保险与高收益的万能险组合，一方面，能快速做大险企保费规模，另一方面，从渠道角度来看是代理人完成业绩。年终奖自然可以选择这样的产品。

（3）50 万元的年终奖

对于一些企业高管或是互联网公司人群，拿到几十万元的年终奖是很正常的事。具体来说，如果拥有 50 万元的年终奖，一是要加强投资，根据风险承受能力，可以考虑稳健型投资，争取达到每年 8% 的收益率。二是加强保障，意外险、重疾险和养老保险都应该购买，而且自己和家人都要有。此外还可以考虑一些风险较大的投资，如股票、开放式基金等，承担一定的风险，也可能有更高的收益。

拥有较大数额的年终奖，也不妨考虑买房，50 万元完全可以在普通的二线城市首付一套房子，未来还款也会比较轻松。

年终奖的分配方式多种多样，善于根据自己的实际情况进行资产投资，才是最好的。具体需注意以下几点。

1. 充分利用闲置资金，不要把年终奖挥霍一空。

2. 年底理财市场火爆，不要被"高收益"的假产品欺骗。

3. 虽然是一次性获得的收入，但分散投资也是必不可少。

4. 结合后续收入综合分配年终奖，不要单一投入。

3.3
擅于使用支付宝、微信钱包

要进行积累理财，就要学会使用各类让生活更加方便的财务管理工具，如支付宝、微信钱包及各类团购 APP 等。除了能带给日常生活方便之外，也可以轻松省钱。

3.3.1 支付宝和微信支付

使用微信、支付宝交易已经是很多年轻人习惯的交易方式了，图 3-4 展示的是微信与支付宝两大支付平台的软件主界面。

图 3-4

微信支付和支付宝能带来的便捷功能如图 3-5 所示。

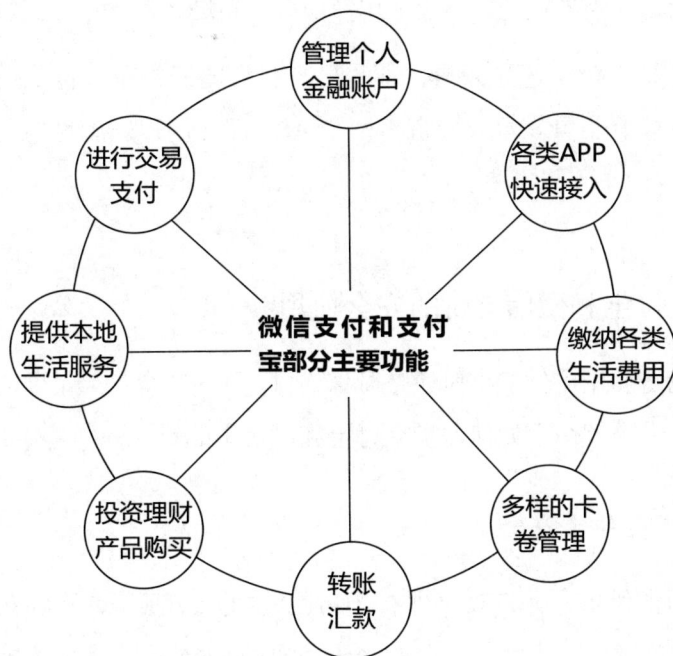

图 3-5

当然支付宝和微信支付也是有不同之处的。首先支付宝是以支付起家，最初与淘宝网购是捆绑在一起的，做的都是与钱相关的服务。不管是为买卖双方作担保的第三方支付平台，还是后来的日常生活缴费、理财、网贷业务等，一切都是围绕着"支付"和"钱"展开的。而微信支付诞生于微信的发红包功能，目前是开拓微信支付功能。

而支付宝在社交方面是弱势，其优势是强大的第三方支付功能，所以在理财、大额转账／支付时，一般人会选择使用支付宝。微信支付建立在社交基础上，借助社交优势已经全面满足用户与用户之间的支付场景，在发红包和线下小额支付时，更多的人会选择使用微信支付。

另外，支付宝除了钱包功能，还具有储蓄和理财功能。而微信支付更多的是充当零钱包，出门不用带现金，满足日常花销的支付需要。

无论是支付宝还是微信，都是日常生活的好帮手，也是投资理财的财务管理好工具。建议投资者两个 APP 都使用，以满足不同的交易需求。

3.3.2 支付宝和微信支付的安全使用

无论是使用支付宝支付还是微信支付，账户安全是最重要的一环，下面就详细了解一下如何保护支付宝和微信里的钱。

（1）支付宝安全

使用支付宝，一定妥善保管好自己的账户和密码，不要在任何时候以任何方式向别人泄露自己的密码，同时面对索取密码的人或页面，不要放松警惕。

此外，支付宝联系用户一律使用公司固定电话，对外电话显示区号为 0571。任何时候都不会使用手机联系用户，使用者一定要注意不要上当受骗。

手机本身做不到百分之百的安全，因此在创建密码时，支付宝的登录密码和支付密码一定要分别设置。不能为了方便，就设置成同样一个密码。密码最好是由数字、字母以及符号构成，尽量避免使用生日和昵称作为登录密码或支付密码。

对于网上购物，一定要在自己收到货且没有异议后再确认收货，不要随意确认收货。

在扫描交易时，切记要核对二维码的真伪，一般可直接交易的都不存在太多问题，而跳转到第三方网站的，一定要谨慎交易。

对于投资理财，往往会涉及大额支付需求，最好是下载支付宝数字证书等安全工具。

同时要提高警惕意识，避免使用不可信的网站或公共 Wi-Fi。在发现自己账户异常时，及时与支付宝公司取得联系。如发现资金异常，可进入支付宝应急服务中心，进行紧急操作，如图 3-6 所示。

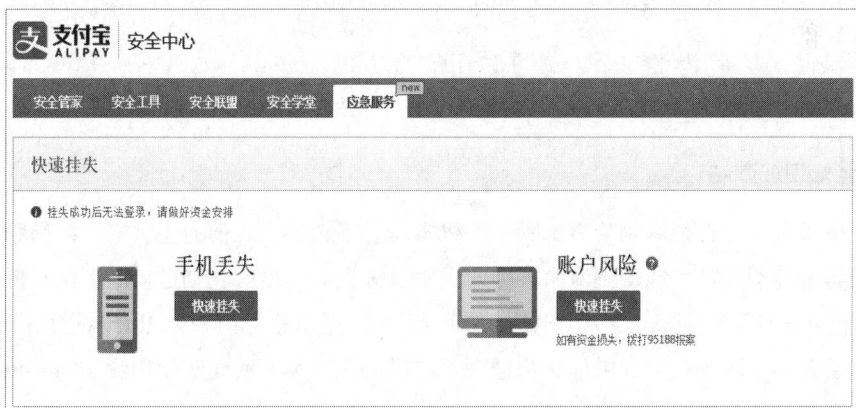

图 3-6

（2）微信支付安全

微信作为社交平台，其支付功能除了上述支付宝的安全措施之外，还可通过下面的方法进行设置。

保证微信支付安全，手机一定要设置锁屏密码和 SIM 卡的 PIN 密码。微信支付还要安装数字证书，其操作方法是：打开微信，依次点击"我"-"钱包"-"我的钱包"-点击右上角"支付管理"。

有大额交易需求的，可启用数字证书，提高支付安全性、提高每日零钱支付限额。即使当微信出现被盗情况，在别的手机上也无法使用微信钱包支付。

微信转账功能可设置延迟到账，在"支付管理"页面中，点击"转账到账时间"选项，把"实时到账"更改为"2 小时到账"或"24 小时到账"。这样可以在一定程度上防止转账转错人，一旦出现，就可以向微信客户寻求帮助或者冻结账户。

微信免密支付和自动扣款是一项方便和风险并存的功能。在免去了输入密码验证的烦琐过程的同时，也让账号被盗后财产的安全受到了威胁。因此为了安全，最好关闭这项功能。

知识加油站

手机丢失是一件很麻烦的事，除了手机本身丢了之外，我们的支付宝、微信和银行卡等信息都可能遭到泄密。因此当手机丢失后，最好立刻进行以下两步操作：第一时间给手机运营商（电信、移动或联通）打电话，暂停该 SIM 卡的使用；然后立刻登录支付宝和微信账户挂失，这样一来，坏人就无法使用我们的支付宝和微信进行支付，账户里的钱也自然不会丢失。

3.3.3 各类省钱 APP，省下一大笔开销

除了微信和支付宝，手机应用市场的省钱 APP 还有很多，本章最后就简单介绍一些。

（1）团购类 APP

团购类 APP，除了帮助我们发现身边的各类美食、服务、休闲娱乐和店铺之外，还可直接在上面进行团购券购买，省下一大笔开销。

如图 3-7 所示的是"大众点评"与"美团"APP。

图 3-7

（2）生活服务类 APP

生活服务类 APP 是为我们的日常生活提供服务，方方面面都有涉及。为了能让用户更高效、便利地享受生活，表 3-1 总结了一些较为常用的省钱 APP。

表 3-1　常用的省钱 APP

APP 名称	LOGO	主要功能
飞猪抢票		飞猪抢票是一款不错的抢票 APP，火车票、景点门票都能直接购买，还有大量优惠券，节约出行成本
全网优惠券		全网优惠券是一款比较受欢迎的网上购物软件，随时为用户提供便捷的优惠券领取服务，可直接领券购物

续上表

APP 名称	LOGO	主要功能
懒猫省钱		懒猫省钱是一款能够轻松省钱的 APP，可以在 APP 中买到自己所需要的商品，方便生活，省时省力
滴滴出行		提供出租车、专车、快车、代驾、租车和共享单车等全面的出行服务，是出行的好帮手
去哪网		去哪儿网可快速预订酒店、门票和飞机票等。其酒店的打折措施可帮助我们省下一笔开销
闲鱼		闲鱼是一个大型的二手交易平台，无论你是买家还是卖家，可自主发布二手交易信息，帮助用户省钱
安居客		安居客是一个房屋中介 APP，在上面可找到更多优质、划算的租房、卖房信息
还呗		还呗是一个信用卡管理 APP，使用它可进行信用卡账单分期，解决信用卡还款难的问题

第 4 章

04

传统银行理财，网上也能进行

以前经常会遇到在银行办理一些基本业务时，需要排很久队的情况，很浪费时间。而随着网络的发展以及银行业务的不断完善，很多银行的业务可以通过电脑或者手机快速完成。

如通过个人网银查询相关账户余额及收支明细，通过网银转账，通过网银买卖各种理财产品，但前提是，我们得有自己的网银。

本章将对如何开通个人网银及下载银行 APP，购买相应理财产品等进行详细介绍。

4.1
三步教你搞定网上银行

如果常购物，常用花呗或者微信，我们就应该知道网银。当我们挑选好商品，准备支付时，如果不用花呗，那么网银就将起到作用。

去银行排队买保险、买基金、买债券，有时会等很久，以前 1 个小时排队解决的事情，现在 1 分钟就能搞定，只要你懂它——网银。

开户、转账、查询和销户，如果你还去银行就落伍了，在办公室或家里，一键就能搞定，轻松又愉快。

不懂网上银行？没关系，三步来搞定。

4.1.1 官网开通个人网上银行的流程

网银又称为网络银行或在线银行，是银行的一种网络存在形式。它是银行柜台在网络上的延伸，不受时间、地点和空间等限制。如何开通个人网上银行呢？下面简单以中国工商银行举例说明。

登录中国工商银行官网，在个人网上银行登录板块单击"注册"按钮，开始网银注册，如图 4-1 所示。在打开的注册页面填写相关个人信息。

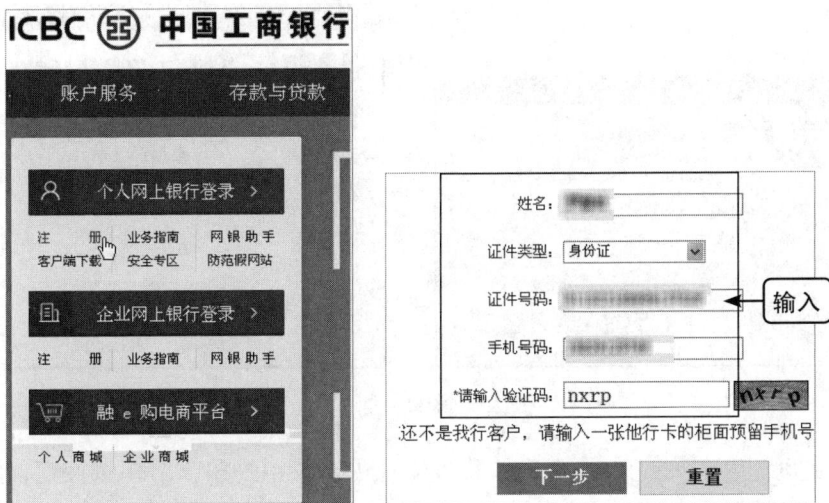

图 4-1

当上述信息填写完成以后，单击"下一步"按钮，系统将提示开通成功，过程相对简单，根据相应的指示操作即可，在这里不作详细描述。

但用户会不会有一个疑问，就是在该网页上填写相关信息并登录时，是否安全呢？

4.1.2 快速安装网银安全组件

在开通网银时，需要安装相应的安全组件，确保网银开通及登录过程安全。首先需要下载安装工商银行网银助手，完成对整个证书驱动、控件以及系统补丁的安装。

首先，打开工商银行网银助手，单击"运行"按钮，在打开的对话框中单击"下一步"按钮进行助手安装，如图 4-2 所示。

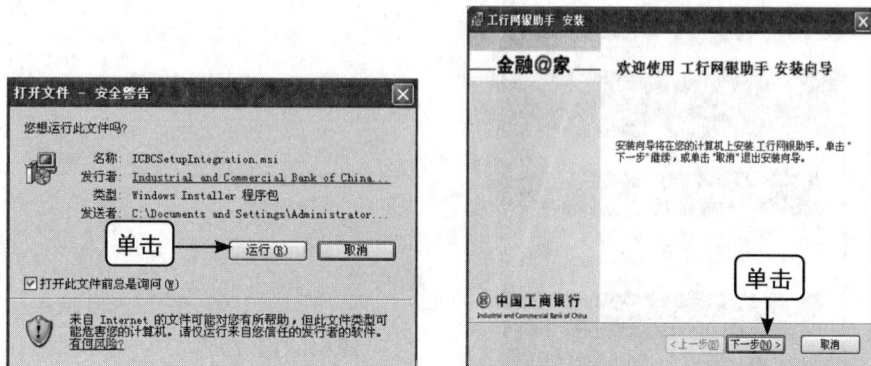

图 4-2

此时，在打开的页面选中"我接受许可协议中的条款"单选按钮，然后单击"下一步"按钮，并在出现的页面中单击"安装"按钮，如图 4-3 所示。

图 4-3

安装完成以后，启动工行网银助手，此时我们即可看到该助手对于各种安全证书以及软件的自动安装，如图 4-4 所示。

图 4-4

此外，还可以登录个人网上银行，进入"我的网银／安全／安全管理"列表，在"U 盾"栏目单击"证书下载"按钮，按提示将用户的个人客户证书信息下载到 U 盾中，如图 4-5 所示。

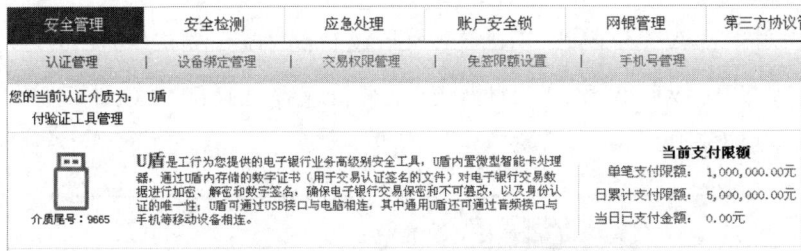

图 4-5

通过以上的步骤，完成个人网上银行的安全系统设置，然后即可回到工行首页登录个人网上银行。当然，如果在访问个人网上银行系统时出现 IE 无法响应等问题，需要下载运行补丁程序。此外，还可以选择分步安装的方式，分别安装控件、驱动程序等，并调整相应的计算机设置。

当用户将相关证书安装完成以后，接下来就可以进行网银登录了，具体操作在下一小节将进行详细的讲解。

4.1.3 登录到个人网上银行首页

在工行的官网首页，单击"个人网上银行登录"按钮，此时系统将提示我们对账号、密码及验证码进行输入，输入完成后单击"登录"按钮即可登录，具体如图 4-6 所示。

图 4-6

对于初次登录网银的用户，系统还将提示进行相应的安全工具认证，用户可以根据自己的情况进行安装或者选择短信认证，具体如图 4-7 所示。

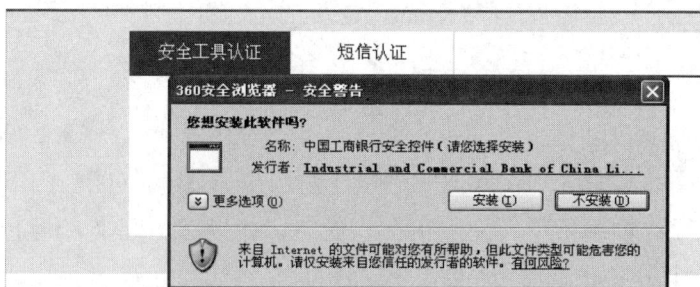

图 4-7

验证完成以后，就会进入到个人网上银行的首页，首页将展示个人账户名称以及可以进行的相关业务，主要有转账、贷款、缴费和购买各种理财产品等，如图 4-8 所示。

图 4-8

当开通了个人网上银行以后，就可以进行一些基本的业务操作了，大多数业务不需要去银行柜台办理了。

4.2
与你息息相关的网上银行服务

通过前面的内容，已经介绍了如何开通个人网上银行，那么接下来就可以进行一些实际操作了，如常用的余额查询、存款以及转账汇款等，具体如何操作呢？本小节将进行简单介绍。

4.2.1 快速查询余额和收支明细

登录个人网银以后，在"全部"菜单栏下的"银行卡.账户/账户服务"列表中单击"余额查询"超链接，进行余额查询，如图 4-9 所示。

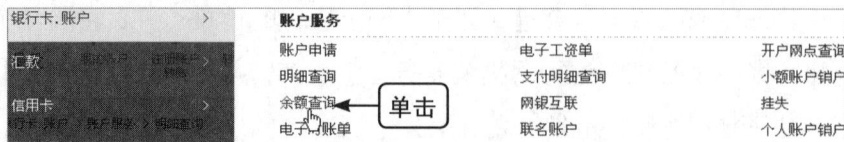

图 4-9

紧接着我们将看到相应的查询结果，如账户、币种和余额等，并且在该页面还可以进行其他操作，如明细、缴费、汇款、理财、开户网点以及更多等，单击对应的按钮即可，如图 4-10 所示。

图 4-10

在图 4-10 页面，单击"明细"按钮，进行收支明细查询，我们还可以选择相应的查询日期，此时我们将得到指定日期的查询结果，如图 4-11 所示。

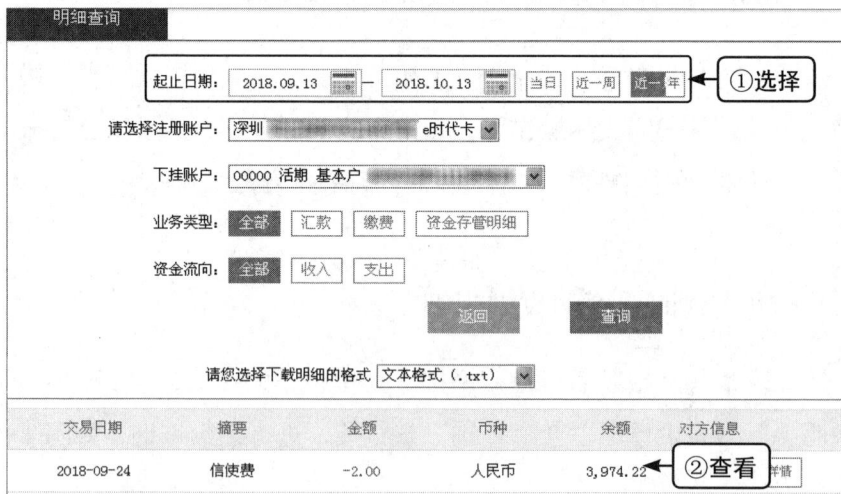

图 4-11

除了查询相应的余额及收支明细以外，还可以通过个人网银进行存款，具体该如何操作呢？

4.2.2 在个人网银上也能存款

当未开通网银的时候，如果用户要查询账户余额或存款，需要去相应的银行排队区排号，然后请银行的工作人员在柜台进行查询或存款。当然如果金额较小，就可以选择自动存 / 取款机存取，但是如果金额较大，一般都需要去银行柜台办理存取业务。当然，这是一件很耗费时间的事情。

而通过网银却能解决存取款需要等待和到处奔走的问题，具体该如何操作呢？

首先，登录网银首页，在"全部 / 存款贷款"列表中单击"定期存款"超链接，进行存款操作，如图 4-12 所示。

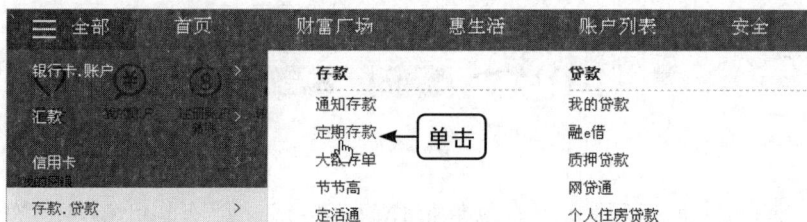

图 4-12

紧接着，页面将出现各种利率和期限的定期存款类型，选择适合的存款类型，如选择"存期为 3 个月，利率为 1.43%"的存款，单击"存入"按钮，进行下一步存款操作，如图 4-13 所示。

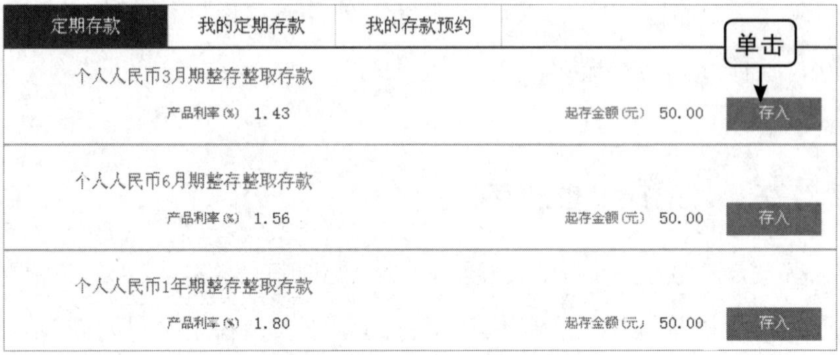

图 4-13

在出现的页面中，用户需要输入相应的存入金额，如存入 1 000 元，单击"提交"按钮，完成存款操作，如图 4-14 所示。

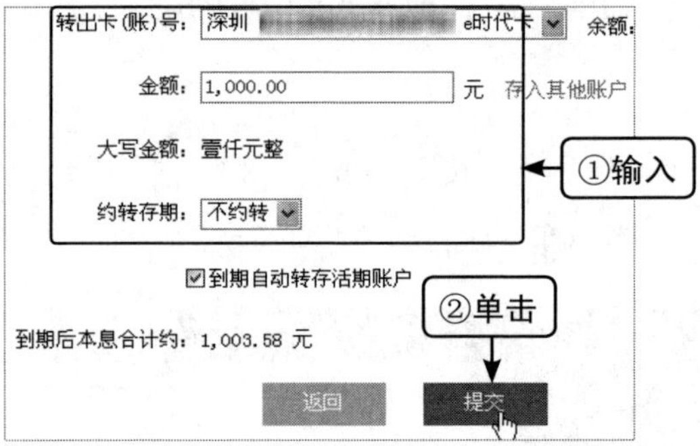

图 4-14

至此，通过网银进行存款的操作已经完成。那么与此相对应的汇款该如何操作呢？

4.2.3 在网上就能转账汇款

同样，用户需要登录网银，在网银首页的"全部／汇款／转账汇款"列表中单击"境内汇款"超链接，进行相应的汇款操作，如图 4-15 所示。

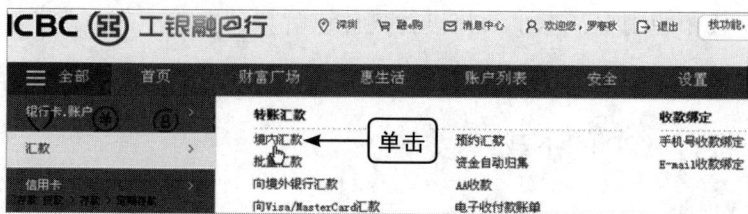

图 4-15

在打开的页面中用户需要对收款人的姓名、卡号和汇款金额等信息进行填写和确认，最后单击"下一步"按钮完成汇款操作，具体如图 4-16 所示。

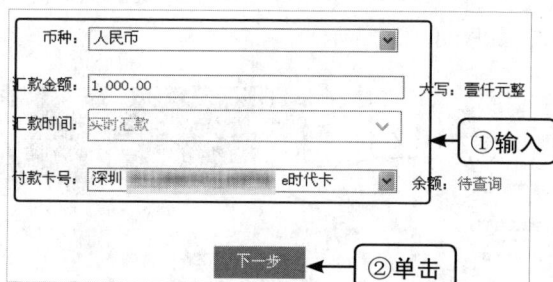

4-16

当然，无论是通过网银汇款还是柜台汇款，进行汇款安全确认都很有必要，在汇款以后要记得和相应的收款人进行联系确认，确保相应的汇款安全到达。

4.3

银行 APP 的下载和使用

随着各种购物、饮食以及出行等 APP 的出现，各大银行的 APP 也纷纷上市，在很大程度上给用户提供了方便。那么各大银行的 APP 该如何下载和使用呢？本小节将进行具体讲解。

4.3.1 银行 APP 的下载

在相应的手机应用商店，输入"工商银行 APP"，进行下载，同时，商店还会推荐如工银融 e 联、工商手机银行和工银 e 生活等 APP 用户，可选择性下载，如图 4-17 所示。

当下载完成以后，打开工商银行 APP，即可看到通过 APP 可以进行的相应操作，如汇款、信用卡和投资理财等，用户可以根据自己的需要进行操作，如图 4-18 所示。

图 4-17

图 4-18

4.3.2 银行 APP 的使用

在工商银行 APP 的首页，点击"投资理财"按钮，如 4-19 左图所示，紧接着将出现可投资理财的项目，如基金、贵金属和手机股市等。用户可点击自己需要的项目进行投资，如点击"基金"按钮，进行手机银行的基金购买操作，如 4-19 右图所示。

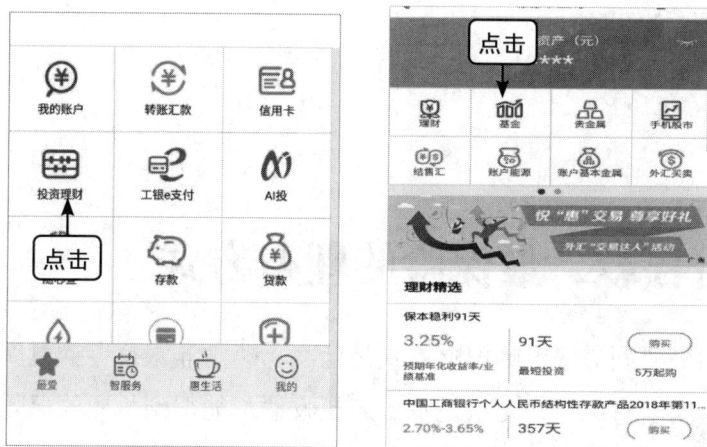

图 4-19

　　紧接着，页面将出现基金中的各类产品，如热销型、新发和股票型等，该页面默认显示热销产品，如有兴趣，可点击"购买"超链接，进行相应的购买操作，如图 4-20 所示。

图 4-20

　　无论是通过电脑端还是手机 APP 购买，用户都要注意，购买环境安全是最重要的。

4.4
银行存款，最保险的理财方式

如果要问最保险的理财方式是什么，一定非银行存款莫属。存款自由，安全有保障，无论是本金还是收益都能得到相应的保障。但是银行存款，你真的了解吗?

4.4.1 银行储蓄方式知多少

储蓄是社会生活中的一种经济行为，有广义和狭义之分。广义的储蓄是指居民储蓄、企业储蓄和政府储蓄等；而一般我们所说的储蓄则是指狭义的储蓄，是指居民个人在银行的储蓄存款，是个人将结余的或暂时不用的资金有条件的存于银行的一种行为。存款的对象是货币资金，不包括实物。

银行储蓄可将其划分为活期和定期。严格地说，银行储蓄可以分为四大类，具体介绍如下。

（1）活期储蓄

我国各大银行的活期储蓄，一般是指可以随时存入或支取现金的储蓄，最低额为1元，鼓励多存。用户需办理开户，每年结算一次利息。此类存款适合的投资者是当前有闲置资金、还在规划、预计未来会有支出以及个体经营户等用户。

（2）定期储蓄

相对于活期存款，还有一种储蓄方式常被人们使用，那便是定期储蓄。定期储蓄一般是指在开户时就和银行约定了存款期限，在一定的时期支取本金和利息的储蓄。一般适合拥有收入结余、暂时资金闲置以及未来计划支出的用户，它的利率高于活期，为银行提供了稳定的资金来源。

定期储蓄一般包括整存整取、零存整取、整存零取、存本取息、通知存款和教育储蓄等。首先介绍的是整存整取，如表 4-1 所示。

表 4-1　整存整取

项目	描述
定义	在开户时约定好存期，并且在开户时一次性整笔存入，到期也是一次性支取本金和利息的存款方式
开户起存金额	一般最低限额在 50 元，外币为 100 元人民币的等值交换
存款期限	一般存款期限有 3 个月、6 个月、1 年、2 年、3 年和 5 年等，外币则有 1 个月、3 个月、6 个月、1 年和 2 年等
存款支取	提前支取时，储户不仅需要存折或银行卡，还需要支取人的身份证。代取时，还要加上代取人的身份证，同时提前支取只能支取其中的一部分，利息按照约定的利率计算

对于整存整取来说，一般定期存款期限越长，相对的利率就会越高，收益也会较高。与整存整取相对的就是零存整取，我们将在后面的小节详细讨论。紧接着介绍的便是整存零取储蓄，如表 4-2 所示。

表 4-2 整存零取

项目	描述
定义	在开户时就和银行约定好存款期限，本金一次性存入，而储户可以分批次支取本利息的一种存款方式
开户起存金额	一般要求储户按照 1 000 元的最低限额起存。
存款期限	一般存款期限有 3 个月、6 个月、1 年、2 年、3 年和 5 年等，外币则有 1 个月、3 个月、6 个月、1 年和 2 年等
存款支取	支取的批次则分为 1 个月、3 个月、6 个月中任意一个，储户可自由选择。如果在存期内如有急需，可持存款凭证及有效身份证件办理全部提前支取
存款利率	根据不同的存期，利率按照开户日的整存零取利率计算
存款办理	客户凭有效身份证件办理开户，开户时由客户与银行协商确定支取期限和每次支取金额

与整存整取和整存零取不同的存款方式还有许多，下面介绍存本取息，如表 4-3 所示。

表 4-3 存本取息

项目	描述
定义	储蓄在开户时双方约定存款期限，利息分批支取，而本金到期一次性支取
开户起存金额	存款的最低限额为 5 000 元，一般可以分 1 个月或几个月支取利息一次
存款时间	存期一般可分为 1 年、3 年和 5 年
存款支取	储户可以和银行约定在总计支取限额内多次支取任意的金额，利率按照开户日的存本取息利率计算，到期未支取或者提前支取利率按照活期储蓄的利率计算

一般该类账户和零存整取账户搭配使用，更能体现出利滚利的效果，先将固定的资金以存本取息的方式存起来，然后将利息以零存整取的方式存储，同时在开户时与银行约定"自动转息"业务。

除了前面所说的几类定期存款，还有一种特别的存款——通知存款，具体如表 4-4 所示。

表 4-4　通知存款

项目	描述
定义	储户在开户时没有约定支取的存款日期及金额，当储户需要支取资金时，事先通知银行的一种个人存款方式
开户起存金额	最低存款金额为 5 万元，如果储户存入的是外币，金额为 5 000 美元
存款时间	相对自由
存款支取	一般一次性存入，一次或多次支取，但多次支取后，账户余额不能低于最低存款限额。当低于该金额时，银行就会自动转为活期储蓄
存款分类	按照提前通知取款的期限分为 1 天通知存款和 7 天通知存款。对于 1 天通知存款，一般在取款前一天通知银行，存期要大于 2 天；7 天通知存款则需要在支取前 7 天通知银行，一般存期在 7 天以上

通知存款一般适合近期要支取大额活期存款的储户，一般提前通知取款的期限定为 7 天较为合适。

最后，我们还需要认识一种定期储蓄——教育储蓄，它是一种专门为学生支付非义务教育所需教育金的专项储蓄。如今孩子的教育和培训成为家庭的重大支出，提前准备一份教育储蓄很有必要，教育储蓄具体如何，如表 4-5 所示。

表 4-5　教育储蓄

项目	描述
定义	是指个人为其子女接受非义务教育积蓄资金，每月固定存额，到期支取本息的一种定期储蓄

续上表

项目	描述
开户起存金额	起存额为 50 元，最高限额为 2 万元
存款时间	存期为 1 年、3 年和 6 年
存款支取	储户须凭存折及学校开具的接受义务教育在校学生身份证明（下称"证明"）一次支取本息，享受教育储蓄的各项优惠。逾期支取的，存期内部分，按教育储蓄规定计付利息，利息免税，超过原定存期部分，按支取日活期储蓄存款利率计付利息，并按规定征收利息所得税。提前支取的，按前述有关提前支取的计息规定计付利息，免征利息所得税。储户不能提供证明的，不能享受教育储蓄的各项优惠，只能按开户日同期同档次的零存整取储蓄存款计息征税
存款形式	教育储蓄一般采用的是零存整取的定期储蓄，在开户时与银行约定每月固定存入的金额，每月分批次存入，可以允许每两月漏存一次，就意味着储户一年可以减少 6 次转账或去银行办理，有的储户会选择在前几个月或一次性存入，但这种方法一般不被允许

教育储蓄的利率享受两大优惠政策，除免征利息税外，作为零存整取储蓄将享受整存整取的利息，利率优惠幅度大于 25%。

（3）华侨人民币储蓄

该种储蓄方式专为华侨以及港澳同胞为储蓄对象的一种存款方式，华侨或港澳同胞从国外或港澳地区汇入或携入外币、黄金或白银，与中国银行进行交易，将交易所得的人民币用于参加储蓄，开户时通过外汇兑换证明办理，到期以人民币的方式支取。

（4）外汇储蓄

根据《中华人民共和国外汇管理条例》、《个人外汇管理办法》和《个人外汇管理办法实施细则》等相关法规，境内个人和境外个人，持本人有效身份证件，可在中国银行办理外币储蓄的存款业务，具体如表4-6所示。

表4-6 外币储蓄

项目	描述
境内服务对象	境内个人要求：持有中华人民共和国居民身份证、临时身份证件、户口簿、军人身份证件或武装警察身份证件的中国公民
境外服务对象	境外个人要求：持护照、港澳居民来往内地通行证、台湾居民来往大陆通行证的外国公民（包括无国籍人士）以及港澳台同胞
开户起存金额	活期存款、定期存款相当于100元人民币的等值外币
币种	美元、港币、英镑、欧元、日元、加拿大元、澳大利亚元、瑞士法郎和新加坡元
存款类型	活期存款、定期存款、通知存款，以及其他经监管机关批准的存款，一般包括普通活期存折、活期一本通、定期一本通和定期存单等多种存款方式
存款期限	定期存款按期限分为：1个月、3个月、6个月、1年、2年、15个月以及18个月共7个档次
存款两大类	现汇账户和现钞账户
取款交易	柜台凭密码支取，当日累计等值1万美元以下（含）的，可以在银行直接办理；超过1万美元，凭本人有效身份证件、提钞用途证明等材料向银行所在地外汇局事前报备

上表中提到了现钞和现汇，其中，现钞一般指在我国国内居民将自己手里持有的外币存于商业银行；而现汇一般指投资者通过工薪或商品交易将外汇现金或票据转存于商业银行，和人民币存款一样，具有活期存款、储蓄存款和定期存款等。我国的各大银行一般都开通了外币存款业务，有的银行还允许在活期存款账户进行存取。

4.4.2 工薪族如何选择适合的存款方式

前面已经简单介绍了储蓄的各种方式，那么对于工薪族来说，最适合哪一类呢？作为时间和金钱都有限的一族，如何通过有限的存款实现最大的收益，这是值得思考的问题。

一般认为，在所有的储蓄方式中，应该重视活期储蓄、零存整取和整存整取三大类。在预留一定的资金作为应急资金后，设定好相应的零存整取。在每月工资到账后，根据自己的情况，按相应的比例投入到定存、日常开支和投资理财平台。

在日常的生活中，存款也有小技巧，但不一定每一个家庭都适用，正所谓具体问题具体分析，大体介绍如下。

◆ **固定存入**：用户可以将每月的一些固定收入存入，如用户每月的工资收入，可以将工资卡中的金额作为日常的开销，如购物、吃饭及缴水电费等。

◆ **清户月结**：对于一些暂时将大额的流动资金放置到活期账户的，因为本金额较大，可以选择每两个月结清账户，再用该利息重开一张活期账户存折或银行卡，这样就能实现利滚利。

◆ **活转定**：一般在日常的储蓄中，活期与定期之间是可以相互转化的，因此当用户的银行卡或工资卡中有大量的结余资金时，可以将其转为定期，从而将活期利率变为定期利率，提高利息收入。

◆ **密码管理**：对于用户来说，一定要记住自己的账户和密码，不仅便于跨储蓄所或跨地区存取，而且如果忘记自己的密码，重置密码是相当麻烦的。

4.5
银行理财产品，省时省力安心放心

当我们到银行办理存取款业务时，一般会遇到客服经理推荐理财产品的情况。这些产品与定期存款的期限和收益不同，起投金额也不一样，由银行自身推出，也被称为银行理财产品。

4.5.1 什么是银行理财产品

银行理财产品是银行针对特定目标客户群设计、开发并销售的一种理财产品。银行接受客户的授权管理相应资金，银行与客户约定相应的投资收益和投资风险。银行理财产品一般可以从两大方面去分类。

（1）按投资币种分类

银行理财产品按投资的币种不同，可以分为人民币理财产品和外币理财产品。外币理财产品就是指利用人民币之外的货币进行购买与结算的理财产品。人民币理财产品具体介绍如下。

◆ **债权类**：主要投资国债、央行票据和政策性金融债等，也投资企业债、企业短期融资债券以及资产支持证券等信用类工具。投资风险较低，收益比较固定。

◆ **信托类**：主要投资于商业银行或由其他信用等级较高的金融机构担保回购的产品。虽然本金不能保证，但产品收益稳定，风险相对较小。

◆ **结构性产品：**以拆除和组合衍生性金融商品为主，如股票、利率和指数等，或搭配零息债券的方式组合而成的各种不同回报形态的金融商品。产品收益与挂钩标的有某种关系，通过公式等反映在合同上。

◆ **新股申购类产品：**集合投资者资金，通过机构投资者参与网下申购提高中签率。本金不能保证，和新股申购获利有关，风险中等。

与上述相对应的就是外币理财产品，常见的如 QDII 产品，取得境外理财业务资格的商业银行接受投资者的委托，将投资者的人民币余额兑换成外币后投资于海外市场，等合同约定的期限到期，银行将投资者的本金和收益返还给投资者。需要注意的是，该类理财产品一般不保证本金，主要投资海外的股票、基金等，风险较大。

（2）按投资收益分类

银行理财产品根据收益来划分，可以划分为保本收益和非保本收益两大类。而保本收益的理财产品，又可以分为两大类：即保本稳利型理财产品和保本浮利型理财产品。具体如图 4-21 所示。

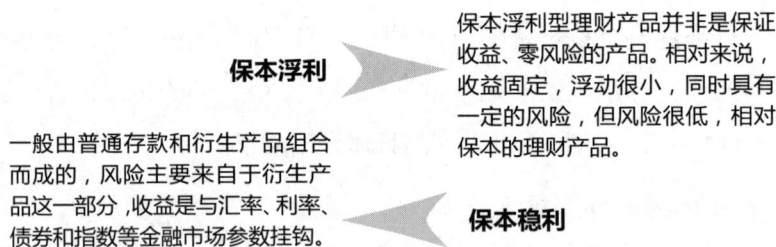

保本浮利

一般由普通存款和衍生产品组合而成的，风险主要来自于衍生产品这一部分，收益是与汇率、利率、债券和指数等金融市场参数挂钩。

保本浮利型理财产品并非是保证收益、零风险的产品。相对来说，收益固定，浮动很小，同时具有一定的风险，但风险很低，相对保本的理财产品。

保本稳利

图 4-21

除了上述的保本型理财产品以外，还存在一类本金和收益都浮动的银行理财产品，银行根据约定条件和实际投资情况向客户支付收益，但并不能保证本金安全，投资者需要自行承担风险。该产品投资渠道主要是期货、股票等市场。

当然，银行的理财产品除了根据上述投资币种和收益进行划分外，近年来，根据其投资风险，一般还可以划分为四大类，如基本无风险、较低风险、中等风险和高等风险。其中代表产品有银行存款、国债、货币市场基金、债券基金、信托类、结构性理财产品、外汇结构性存款和 QDII 等理财产品。

4.5.2 理财产品的产品要点

我们知道银行理财产品种类繁多，但不管哪一种，都具有最基本的要点，那么银行理财产品都有哪些要点呢？具体如表 4-7 所示。

表 4-7 银行理财产品要点

项目	描述
发行者	发行者是具有资金、风控且实力较强的各大商业银行
认购者	主要就是指一般的投资者，但也存在一些特定产品的认购者
募集期	募集期就是指银行理财产品从挂牌销售到开始计算利息之间的时间，一般为 3 ~ 5 天，有的可以达到 10 天左右
投资期限	银行发行的理财产品大部分期限都比较短，一般具有计息日的说法，计息日也称为起始日，即该款理财产品计算利息的起始时间。当然与此相对应的还有结算日，也称为产品的终止日与到期日，是该款产品到期结算停止计算利息的时间。结算日与清算期要区分清楚，清算期一般是指结算日至本息到达投资者账户之间的时间，这段时间短则 1 天，长达 5~7 天
收益	银行理财产品的投资收益根据相应的合同约定
风险	风险一般与收益对等，没有绝对的零风险
流动性	一般来说，同等条件下，流动性越好，收益率越低

当然，对于银行理财产品的各大要素，一般还可以在银行理财产

品的产品说明书上查看，那么，什么是银行的产品说明书呢？

4.5.3 银行理财产品说明书

产品说明书是一款理财产品最为重要的凭证之一，它详细地载明了该款产品的收益率、时间期限、风险等级、投资渠道、买卖双方的权利义务以及其他重要内容。

而银行理财产品的说明书亦如此，下面以中国工商银行的保本稳利 364 天 BBWL364 理财产品来简单讲解产品说明书的内容。

首先，用户应该了解的是产品的风险说明，如图 4-22 所示。

图 4-22

接下来就是关于该款理财产品的详细说明，如表 4-8 所示。

表 4-8　银行理财产品说明书

项目	描述
产品名称	保本稳利 364 天
产品代码	BBWL364

续表

项目	描述
产品风险评级	PR1
销售对象	个人普通客户
目标客户	经工商银行风险评估，评定为保守型、稳健型、平衡型、成长型和进取型的有投资经验和无投资经验的个人客户
期限	开放式无固定期限产品（364 天投资周期）
投资及收益币种	人民币
产品类型	保本浮动收益类
募集期	2017 年 06 月 22 日~2017 年 06 月 25 日
销售范围	全国
起始日	2017 年 06 月 26 日
投资周期	2017 年 6 月 26 日起每 364 天为一个投资周期（遇节假日投资周期会延长，规则请详见"投资周期顺延"相关内容）
资金到账日及投资周期顺延	投资周期结束日的次日为资金到账日，如资金到账日遇法定节假日，则该期投资周期相应延长；资金到账日为最近的产品成立日（工作日），见理财收益分析情景二
产品购买	1. 募集期内网点营业时间及网上银行 24 小时接受购买申请； 2. 产品成立后，网点营业时间及网上银行 24 小时接受购买申请。本产品每周一、周四为投资周期成立日，成立日扣款并确认购买份额，成立日必须为工作日，非工作日则顺延至下一成立日。每周一、周四客户提交的购买申请于下一成立日扣款并确认购买份额。为保护已投资客户利益，本产品运作规模上限为 300 亿元，超过上限后，中国工商银行有权暂停申购；单个开放日，本产品的申购资金超过上一日产品总规模的 10% 后，中国工商银行有权暂停申购
理财产品托管人	中国工商银行北京分行
托管费率（年）	0.03%
手续费率（年）	0%

续上表

项目	描述
托管费用	产品在扣除中国工商银行托管费等费用，并按当前业绩基准实现
管理费用	客户收益后仍有剩余收益时，剩余收益部分作为产品管理费
业绩基准	本产品拟投资 0%~80% 的债券、存款等高流动性资产，20%~100% 的债权类资产，0%~80% 的其他资产或资产组合。按目前市场收益率水平，扣除托管费后，产品业绩基准为 3.65%（年化），测算收益不等于实际收益，投资需谨慎
购买起点金额	5 万元起购，以 1 000 元的整数倍递增
提前终止	当产品存量低于 5 000 万元时，中国工商银行有权终止该产品，并至少于终止日前 3 个工作日进行信息披露。终止日后 3 个工作日内将客户理财资金划入客户指定资金账户。终止日至资金实际到账日之间，客户资金不计息。为保护客户权益，中国工商银行有权根据市场变动情况提前终止本理财产品。除本说明书第七条约定的情形外，客户不得提前终止本产品
追加最低金额	1 000 元，以 1 000 元的整数倍追加
募集期是否允许撤单	是
工作日	国家法定工作日
税款	理财收益的应纳税款由客户自行申报及缴纳
其他约定	客户购买本产品的资金在募集期内按照活期存款利率计息，但利息不计入购买本金份额；投资周期结束日至资金到账日之间不计利息

以上就是银行理财产品说明书的基础内容，它是对于该款理财产品的基础性说明。当用户在阅读理财产品说明书时，每一点内容都不能忽略。

当然除了以上的内容，还可以看到中国工商银行对于该款理财产品的收益测算，具体如图 4-23 所示。

情景一（客户未选择自动再投资）：

在理财资金投资正常的情况下，以某客户投资5万元，364天投资周期为例，客户未选择自动再投资，投资周期结束后，客户最终收益为：

$50,000 \times 3.65\% \times 364/365 = 1,820$（元）。

情景二（客户未选择自动再投资，投资周期顺延）：

图 4-23

在产品说明书里用户还可以看到对于投资收益最不利的情形也做了相应的说明，用户应详细查看，如图 4-24 所示。

（二）最不利情况分析

鉴于产品的合理设计、投资团队的尽职管理和有效运作，工商银行此类产品以往业绩表现良好，获得了满意的投资回报。但历史数据代表过去，仅供客户决策参考，最终收益要以到期实际实现收益为准。

最不利的投资情形和投资结果，主要体现为：一是产品到期可能发生的延期支付；二是产品投资的资产折价变现，可能影响产品收益实现的全额收回。产生上述可能结果的原因主要包括：一是投资

图 4-24

用户在阅读产品说明书时要注意，风险提示是银监会与银行内控规定在购买理财产品时必不可少的内容。它详细载明了银行理财产品投资的风险以及该款产品所存在的具体风险。在风险提示书上，会要求客户填写风险评估等级，如果客户风险评估等级与产品等级相差较远，则可能会被银行内控系统拒绝。

同时一般在风险提示书的最后，会有"请全文抄录以下文字：本人已阅读风险揭示，愿意承担投资风险"的字样，购买时一定要抄录这一段话，以免日后产生不必要的纠纷，如图 4-25 所示。

请全文抄录以下文字：本人已阅读风险揭示，愿意承担投资风险

客户签名（盖章）： 日期：

图 4-25

当然，在产品说明书中还有银行对于各类理财产品的风险评级，

不同的风险承受能力，要求理财者参考不同的理财产品，如上面的理财产品——保本稳利 364 天 BBWL364 理财产品的风险等级为 PR1。那么到底风险是高还是低呢？在产品说明书里，中国工商银行对此进行了简要说明，如表 4-9 所示。

表 4-9 风险评级说明

风险等级	风险水平	评级说明	目标客户
PR1 级	很低	产品保障本金且预期收益受风险因素影响很小；或产品不保障本金但本金和预期收益受风险因素影响很小，且具有较高的流动性	经中国工商银行客户风险承受能力评估为保守型、稳健型、平衡型、成长型和进取型的有无投资经验的客户
PR2 级	很低	产品不保障本金但本金和预期收益受风险因素影响较小；或承诺本金保障但产品收益具有较大不确定性的结构性存款理财产品	经中国工商银行客户风险承受能力评估为稳健型、平衡型、成长型和进取型的有投资经验和无投资经验的客户
PR3 级	适中	产品不保障本金，风险因素可能对本金和预期收益产生一定影响	经中国工商银行客户风险承受能力评估为平衡型、成长型和进取型的有投资经验的客户
PR4 级	较高	产品不保障本金，风险因素可能对本金产生较大影响，产品结构存在复杂性	经中国工商银行客户风险承受能力评估为成长型和进取型的有投资经验的客户
PR5 级	高	产品不保证本金，风险因素可能对本金和预期收益产生一定影响	经中国工商银行客户风险承受能力评估为进取型的有投资经验的客户

以上就是工商银行对理财产品的内部风险评级，以它作为参考，在一定程度上能帮助我们找到一款合适的理财产品。

最后，产品说明书上还会有一点，即其他提示。这些提示与所购产品的内容关系不大，但关系到买卖责任以及法律上的条款，用户在填写时需要注意。

4.5.4 购买一份银行理财产品

在我们对于银行理财产品的分类、收益和风险等有一定了解的基础上，接下来就可以购买一款自己喜欢的银行理财产品了，操作步骤简单，如图 4-26 所示。

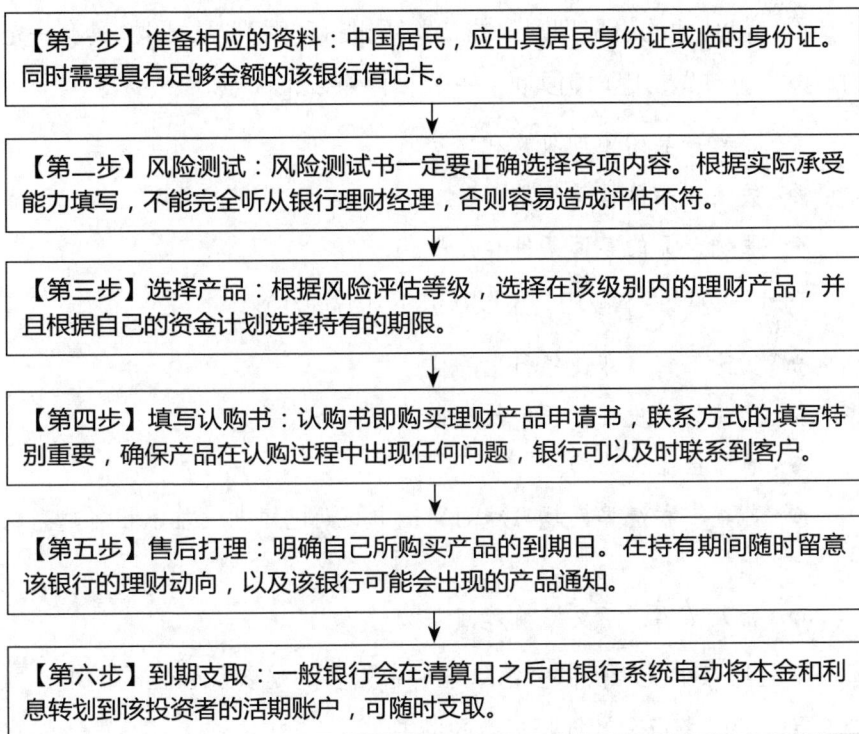

【第一步】准备相应的资料：中国居民，应出具居民身份证或临时身份证。同时需要具有足够金额的该银行借记卡。

↓

【第二步】风险测试：风险测试书一定要正确选择各项内容。根据实际承受能力填写，不能完全听从银行理财经理，否则容易造成评估不符。

↓

【第三步】选择产品：根据风险评估等级，选择在该级别内的理财产品，并且根据自己的资金计划选择持有的期限。

↓

【第四步】填写认购书：认购书即购买理财产品申请书，联系方式的填写特别重要，确保产品在认购过程中出现任何问题，银行可以及时联系到客户。

↓

【第五步】售后打理：明确自己所购买产品的到期日。在持有期间随时留意该银行的理财动向，以及该银行可能会出现的产品通知。

↓

【第六步】到期支取：一般银行会在清算日之后由银行系统自动将本金和利息转划到该投资者的活期账户，可随时支取。

图 4-26

以上购买步骤是大体的总结，不同的行业银行在客户购买时可能存在细微的差别，如对客户资料中资产余额等的要求，以及不同的理财产品要求的客户人群不同等。但无论是选择哪一家银行，首先，用户明确自己的理财目标是很重要的，目标管理要谨记。

4.5.5　银行理财产品的投资技巧

全国各大银行每年会发行数以万计的理财产品，这些产品从表面上看毫无规律。对于上班族来说，时间和金钱都是有限的，投资经验也很欠缺，那么就只能盲目投资了吗？

不，与其他的投资理财一样，购买银行理财产品，同样具有一定的小技巧。首先，用户购买前，一定要注意以下3点。

◆　了解产品的预期收益和风险。

◆　关注产品的挂钩标的。

◆　明确产品的赎回条件和期限。

而对于购买的小技巧，可以从以下几方面注意。

◆　货比三家，即使银行也一样。

◆　产品组合投资，短中长期搭配，提高收益率。

◆　看懂产品说明书。

◆　募集期和清算期越短越划算；中长期比短期收益率相对越高越划算。

◆　如无必要，不必提前赎回。

以上几点小技巧仅供参考，理财者更多的是要从家庭的需求、风险承受能力以及资金计划等多方面考虑。

第 5 章

05

保险，低利率时代下优选的理财产品

保险，在当今的时代不再是奢侈品，而是普通大众生病时昂贵的医药费、意外发生时留给家里的一笔储蓄、自主创业时的一笔资助、投资失利时的一份安慰和年老时的一份尊严。所以，它不是路人，它是知己，是朋友；这一生，它都将为你遮风挡雨，对你不离不弃。

对于理财者来说，保险更是一种很优化的理财方式，是低利率时代优选的理财产品，同时，它还是你家庭意外的守护者。

那么，你真的了解保险吗，保险就是社保吗，保险的陷阱你知道多少，还有多少保险问题你想问？来吧！让我们一起寻找答案。

5.1
认识保险

　　曾经听人说："我亲爱的朋友，你可以说你不需要我，你再考虑考虑我，你可以让我等待，甚至你可以拒绝我，但是请别在你和你的家人遭受伤害时才想到我，那时，我已无能为力"。多么煽情的表白，这个人是谁呢？它就是保险。虽然它并不是真正活蹦乱跳的人，但是它却能做到很多人不能做的事，那么，我们该如何看待保险呢？

5.1.1　为什么要买保险

　　什么是保险，保险是一种风险转移与损失补偿的手段。投保人根据合同约定，向保险人支付保险费，保险人根据合同约定可能发生的事故以及带来的损失承担赔偿保险金的责任。

　　我们为什么需要买保险呢？下面以一个简单的例子说明。

　　张某去年大学毕业，家庭在遥远的山村，父母读书不多且世代务农。随着张某和弟弟读书花费越来越高，父母在家务农已经交不起昂贵的学费了。于是在同村人的介绍下，去城市里的工地上打工。张某在大学时申请了助学贷款，工作后每月工资主要用于还款。后来为了减轻家里的负担，他放弃了安稳的工作，开始做起了销售。

　　正当他对于未来充满希望时，突来的意外击垮了他，父亲从高高的铁架子上摔了下来，当他一路奔跑来到医院时，看到的就是躺在病床上奄奄一息的父亲。

到医院，医生说要做手术，需要办理住院并且缴纳手术费 5 万元，他找了自己的朋友和同事，终于凑足了 5 万元给父亲做了手术。有一天，医院通知张某他父亲住院已欠费，药按例被停了。

那时，隔壁床也有因意外而送来的病人，同时也来了几个保险公司的人。只听隔壁床的人指了指父亲说道，手术没多久，欠费交不上，药都停好几天了。又听人说道，这算工伤啊，可以报保险公司垫付的。那人说，关键是没买任何保险，哪来的垫付……

为什么要买保险，保险就是当你的家庭在遭逢巨难时，给你最后的支撑，甚至可以是你的一个"救生圈"。我们永远无法预料明天与意外谁先来临，更无法阻止它的到来，我们唯一能做的是在暴风雨来临前做好防备，而保险就是一把最好的保护伞。

有谁不需要保险呢？可能只有以下的这些人。

◆ 保证自己和家庭永远不会发生意外的人。

◆ 保证自己和家人永远不会生病，即使生病也能承受巨额医药费的人。

◆ 保证自己是永远具有赚钱能力的人。

◆ 保证自己是可以不管家人的人。

只要你是如上的任何一种，那么，你这一生就可能不需要保险，但是你是吗？所以，买保险很有必要。

5.1.2 保险代理人

保险是以合同的形式体现，它不会从天上掉下来，砸到我们头上。因此我们与保险之间需要一个桥梁媒介，这便有了保险代理人，如同明星需要一个经纪人，保险也需要一个经纪人。

在当今市场中，保险代理人来来去去，我们在购买保险时要注意避免几种不合格的保险代理人。只有一个合格甚至优质的代理人才能最大限度地维护用户的利益，那么市场中存在有哪几种不合格的代理人呢？

◆ 违规操作，随意给客户折扣。

◆ 快到退休年龄的保险代理人。

◆ 躁动，容易跳槽的保险代理人。

◆ 长时间业绩较差的保险代理人。

◆ 爱撒谎的保险代理人。

如果为你服务的保险代理人具有以上几种情况，那么，你就应该考虑你手中的保险合同是否是你需要的。毕竟保险不是短期合同，它是一个长期的保障。所以，你需要的是符合你家庭期望的长期优质保险代理人。

那么，我们该如何去确定一个保险代理人是否优质呢？下面几个小建议仅供参考。

◆ 有诚信，实事求是地为你规划。

◆ 专业，对于产品优缺点很了解。

◆ 从你家庭需求出发给你规划相应的保险计划。

◆ 能告诉你免责条款，对其他的保险条款也很了解。

◆ 及时性，能及时地告诉你产品的最新信息。

◆ 服务好，及时地提醒你续交保费。

◆ 积极配合你的理赔。

对于如上的几点，仅供参考。毕竟买保险，买的也是服务，选择代理人和公司很重要，不能随意。

除了保险代理人，在保险市场中，一般还存在一种保险经纪人，那么两者有什么区别呢？

◆ 首先，代理人主要接受保险公司委托，销售保险产品，而经纪人则直接接受客户委托。

◆ 其次，代理人的客户主要是小企业或个人，而经纪人的客户主要是大中型企业和项目。

◆ 最后，代理人代理保险公司，保险公司对代理人在授权范围内的行为结果负责。而保险经纪人与客户之间是一种委托关系，当保险经纪人的过错给客户带来损失时，保险经纪人直接对客户承担经济赔偿责任。

当用户在选择保险代理人的同时，无论是对于保险公司还是保险种类我们都需要具有一定的认识。在有了一定的认识后，才能更好地选择，毕竟知己知彼，百战不殆。

5.1.3 保险种类

一般根据保险经营的性质、目的、对象以及保险法规等划分相应的保险种类，但是国际上对于保险业务的分类没有固定的原则和统一的标准，各国通常根据各自需要，采取不同的划分方法。

但一般根据保险标的来划分，可以将保险分为人身保险和损害保险两大类。我国的保险同样可以分为两大类：分别是社会保险和商业保险。

社会保险又包括养老保险、医疗保险、失业保险、工伤保险和生育保险；商业保险分成财产保险和人身保险；财产保险又可分为财产损失险、责任保险和信用保证保险三大类险种；而人身保险又包括人寿保险、健康保险和人身意外伤害险。简单介绍如下。

◆ **人身保险**：关于人的身体本身、人的健康和人的生命的保险。

◆ **健康保险**：也可理解为疾病保险。以非意外伤害而由被保险人本身疾病导致的伤残、死亡为保险条件的保险。

◆ **人身意外保险**：是以人的身体遭受意外伤害为保险条件的一种保险。

◆ **人寿保险**：简称寿险，是以人的生死为保险对象的保险，是被保险人在保险责任期内生存或死亡，由保险人根据契约规定给付保险金的一种保险。

社保一般是相对于企业职工而言，由单位和个人共同购买。当然还存在一种农村社保，由国家和个人一起购买。除了社保，购买适合家庭的商业保险也必不可少。

5.2
上班族如何安全网购保险

作为一名上班族来说，时间和精力都有限，而且大多数人对于保险的了解也不够深刻。随着互联网购物的兴起，衣食住行几乎都可以通过网络解决。那么，保险呢？能不能直接网购呢？

5.2.1 如何买到适合的保险

购买保险，对于家庭来说是十分重要的事。如何给家庭买到最合适的保险，这需要我们做好规划。绝不能随意或者指望保险公司规划。一般我们可以从如下几方面去考虑。

◆ 储备保险知识

首先，我们应当对于保险种类、保险条款和保险公司等具有一个基本的了解。保险品种没有好坏之分，只有是否适合家庭之分，而对于即将购买产品对应的保险条款和保险公司需要重点了解。

◆ 分析家庭的阶段风险

分析目前家庭阶段的风险，哪些风险是需要保险来保障的，而哪些可以不用保险来处理。同时还要分析家庭已有的一些保障，包括自己购买的社保和补充的额外保险，分清家庭的必需保险和可选择保险，针对性地投保。

◆ 预算投保比例

对于家庭的投保金额，不是随意拿出一部分资金或者将大部分资金拿出来投保。业内人士认为，一个家庭每年购买保障类产品的总费用占家庭年总收入的 10% ~ 20% 是比较合适的。当然，因为每个家庭的经济情况是不一样的，且对于风险的承受能力也不一样。因此 10% ~ 20% 的比例也不能一概而论，可以将其作为参考，具体计划多少金额要从家庭的实际情况出发。

◆ 分析家庭成员需要的保险

对于一个家庭来说，家庭成员的组成无非是孩子 + 夫妻 + 父母。对于孩子的保险，一般重点在于为孩子购买意外伤害险、医疗险和教育险等，有条件的家庭还可为孩子购买重疾险。

而对于家庭中作为重要经济支柱的夫妻双方，除了最基本的社保，还应额外购买一些商业险，如意外险、医疗险、重疾险和定期寿险等常见的险种。有条件的家庭还可以为夫妻双方购买养老保险。

而对于家里的老人，除了原有的社保，可适当地再补充一份养老保险，然后是意外险、医疗险、防癌险和短期重疾险等。而其他险种，因为年龄和体检不易通过的原因，一般不多建议。

◆ 计算投保金额

对于家庭购买的各种保险的投保金额，一般可以从家庭的负债总额和家庭收入两方面去计算，家庭负债常见的房贷、车贷和其他债务等，而家庭收入则是夫妻双方的主要收入和其他收入，最终计算出家庭需要的保障额度。当然，如果有优质的保险代理人，可以让其根据家庭的经济状况，做出一份相应的投保计划。

◆ 投保重点

在投保时，我们要根据家庭的收入合理投保，确保不因保费过多而影响家庭的正常运转。根据家庭的需求投保，并且实现组合式的投保。此外在投保时，还需要读懂你购买的每一份保险的保险条款，避免以后出现麻烦。最后在选择保险公司时，一定要货比三家，选择最优质的，可从保险交费、保障范围、保额领取和保险赔偿等方面进行比较。

5.2.2 避免遇到购险陷阱

保险，经受了传入—好奇—购买—排斥—改观的过程。在大多城市，正实现从排斥到改观的阶段，那么保险为什么曾经经受了排斥阶段呢？

更多的是很多用户在购买时，遇到了各种购买陷阱，从而给家庭造成了一定损失。那么常见的购险陷阱都有哪些呢？简单介绍如下。

- **这是最好的保险**：世界上根本不存在"最好的保险"，只有"最适合"自己的保险。

- **保险代理人不会告诉你的保险的等待期**：一般在等待期内生病了，保险公司不会赔偿只会退还保费。

- **直接把钱转给保险代理人**：如果遇到保险代理人兼职或者离职，从而不承认你购买保险，那就麻烦了，保险公司也无能为力。

- **给你打很大的折扣**：天上不会掉馅饼，要注意那些具有大折扣的保险，一定要看清看懂保险细则，免责条款、理赔要求和保费缴纳等。

- **保险捆绑销售**：如果保险代理人告诉你购买了一种保险就必须购买另一种，请确认是否是主险和附加险，一般保险分为主险和附加险。一般购买的都是主险，附加险可以买，也可以不买，一般附加险是不能单独出售的。如果代理人告诉你必须购买相应的附加险，那么你可以打电话到保险公司进行确认，确定不是保险代理人为了保险业绩忽悠你。

- **保额陷阱**：如果代理人告诉你，购买人寿保险花的钱越多越好；买得多赔得就多，越贵越能保值，这就是个陷阱。因为保额和保费相对应，一般保额越高，保费越高，过高的保额带来的过高的保费将给家庭增加一定的负担。

- **一张保单保全家**：因为时间和精力的限制，很多上班族会觉得购买各种险种麻烦，于是听信保险代理人的一张保单就保了全家的说法。其实这样的保单性价比不一定高，用户可以试着把保险进行拆分，对于每个险种的价格进行叠加，看看是否真的那么划算。

- **购买保险获得 ×× 倍收益**：购买保险的本质不是为了获得相应的利益，保险的本质是保障。对于一些分红保险确实能获得一定的收益，但是也是在购买一定的年限后，这需要考虑通货膨胀的问题。

对于以上的保险陷阱，不一定都会在购买保险时遇到，为了避免这些陷阱，最根本的还是要对保险公司、保险产品和保险条款相对了解，同时选择一位优质的保险代理人很有必要。

5.2.3 保险的购买流程

在当今市场，保险购买的渠道多样，用户可以选择自己最方便的渠道购买，一般可以分为如下 5 种。

◆ 在保险公司的官网进行购买。

◆ 通过保险代理人购买。

◆ 到与保险公司合作的银行或邮局购买。

◆ 保险公司的营业网点就近购买。

◆ 通过电话销售购买。

一般通过保险代理人和保险公司官网购买的人较多。那么相应的购买流程是怎样的呢？

通过线下的渠道，如通过保险代理人或者银行购买，一般都需要经历五大步骤，即从联系销售人员→填写投保单→交纳首期保费→公司审核→领取合同发票，具体介绍如下。

◆ **联系代理人**：通过公司的官网、客服中心或者亲朋好友推荐，与相应的代理人进行联系，从而更方便地办理购买手续。

◆ **填写投保单**：投保单一定要仔细阅读，特别是保险条款和免责条款等，而且填写的信息要真实准确，因为投保单就是一份合同。

◆ **交纳首期保费**：签署银行转账授权书进行银行转账交费；也可以去保险公司柜面交纳首期保费。

◆ **公司审核**：保险公司会对投保资料进行审核，特别是生存调查或健康体检，资料审核通过后，保险公司将缮制保险合同。

◆ **合同、发票送达**：合同和保险费发票送达，保险公司收回收款收据，本人在保险合同送达回执上签字后，保险公司会收回该回执。

通过保险代理人购买保险的大概步骤是如此，不同的保险公司可能存在细微的差别，具体以各大保险公司公布的流程为准。

而线上购买，如通过各大保险公司官网购买，相对来说更方便一些，具体步骤如图 5-1 所示。

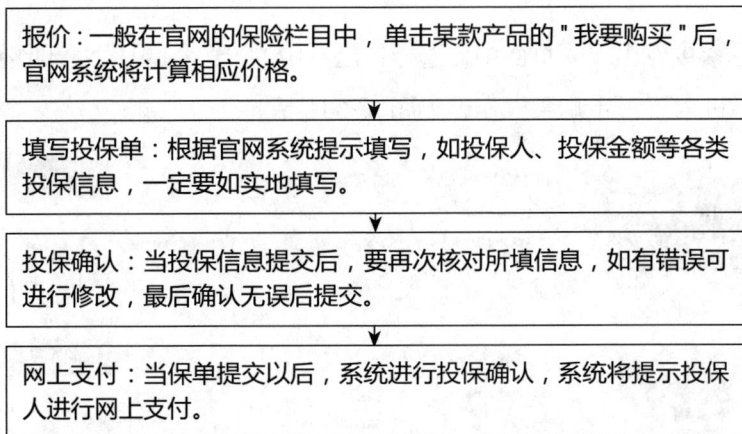

报价：一般在官网的保险栏目中，单击某款产品的"我要购买"后，官网系统将计算相应价格。

填写投保单：根据官网系统提示填写，如投保人、投保金额等各类投保信息，一定要如实地填写。

投保确认：当投保信息提交后，要再次核对所填信息，如有错误可进行修改，最后确认无误后提交。

网上支付：当保单提交以后，系统进行投保确认，系统将提示投保人进行网上支付。

图 5-1

一般在交费时，我们要注意，对于保险公司的代理机构、代理人或者销售人员，一般不能接受投保人委托代交保险费、代领退保金，不得接受被保险人或受益人委托代领保险金。所以，如果用户想委托保险销售人员代交保费时要注意。

5.2.4 在保险公司网站购买保险

网购无处不在，深入到人们生活的每个角落。衣食住行可以通过网购解决，保险也如此，那么网购保险有何不同呢？

首先，我们需要登录各大保险公司的官网，如中国人寿，在官网首页－网上买保险，单击"家庭保险"超链接，进入购买页面，如图5-2所示。

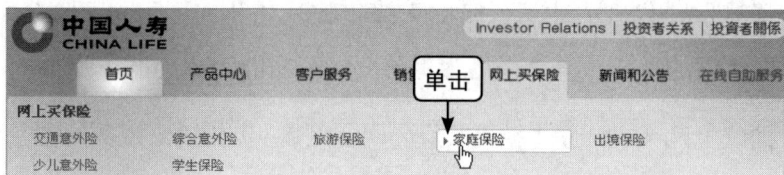

图 5-2

在紧接着出现的页面中，选择自己看中的产品，单击"立即购买"按钮，进入下一步购买操作，如图5-3所示。

图 5-3

紧接着，系统将进行自动报价，如5-4左图所示，家庭组合险的价格为630元，保险合同生效期为2018-10-17，保险期为1年，保险金额为综合，不同的种类保额不同，如5-4右图所示。

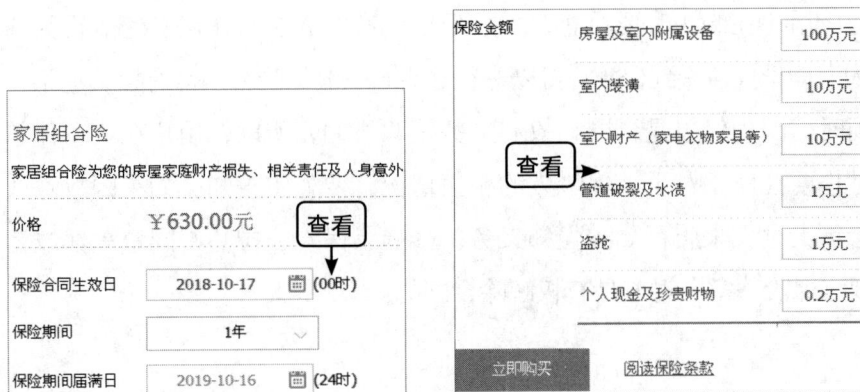

图 5-4

同时在该页面，用户注意查看保障内容，如保险责任、基本保额和保障范围等，如图 5-5 所示。

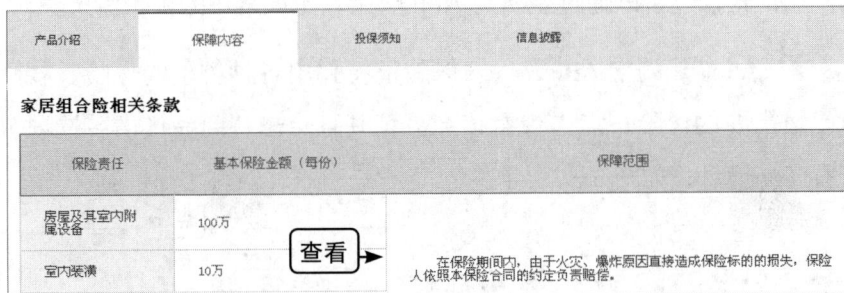

图 5-5

当然，对于投保须知，用户一定要清楚明白，逐条阅读，不明白的地方可咨询保险代理人或者客服，如图 5-6 所示。

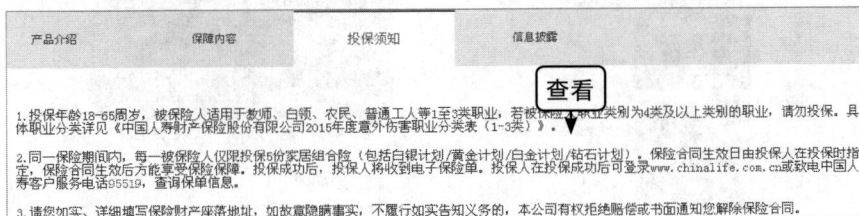

图 5-6

用户在购买时要注意，如发现公司有关人员有违法、违规行为或认为自身权益受到侵犯，可以进行投诉，一般保险公司都有投诉电话。同时，因为保单是合同，权利义务是双方的，所以，用户在填写保单时也要注意，对于被保险人的相关情况，要如实告知。如果因故意或者重大过失未履行如实告知义务，影响了保险公司是否同意承保或者提高保险费率，对方是有权解除合同的。

5.2.5 利用生活 APP 买保险

除了前面所说的通过保险销售人员和各大保险公司的官网购买，还可以下载相应保险公司的 APP 购买。如果不知道选择哪一家保险公司产品，我们还可以通过生活类 APP 购买，比如常用的手机淘宝。

首先，打开淘宝 APP，输入保险，将弹出各种类型的保险，找到自己最需要的保险，点击查看该产品，并且点击"商品详情"选项卡查看产品信息，如图 5-7 所示。

图 5-7

在该页面，用户将看到该产品的详情，如产品说明、保障权益，产品说明要注意查看，而对于保障权益，要注意保险的内容和保额，如图 5-8 所示。

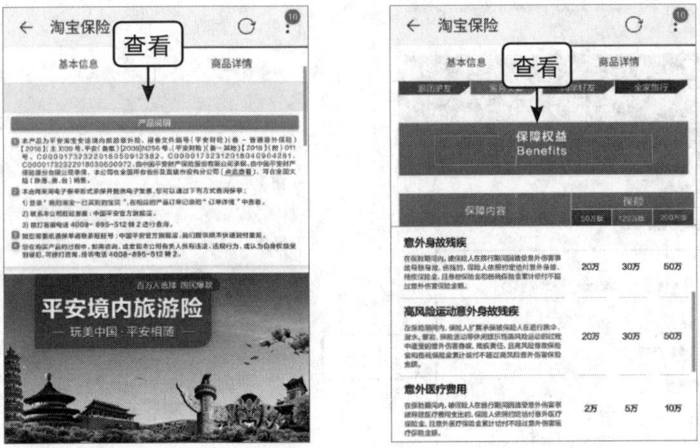

图 5-8

在该页面，用户还可以看到该产品的快速理赔和投保须知，如 5-9 左图所示。如无任何的问题，可点击"立即购买"进行购买操作，如 5-9 右图所示。

图 5-9

此时用户需要对于保险的保障方案进行选择，如50万版、120万版、200万版，同时需要输入出生日期，再选择保障的期限，3 ~ 30 天不等，选择完成后点击"确认无误，购买"按钮，如图5-10所示。

图 5-10

当我们通过第三方 APP 购买保险时，一定要注意购买的信息安全，在购买前可以拨打客服电话或者人工客服来确认真假。

5.3 保险理财的丰富细节

在购买保险前，我们除了要知道保险品种、条款和购买程序等，还应该全方位地了解保险。

5.3.1　全方位的保险计划

全方位的保险计划不是指家庭需要购买所有的保险品种，而是从家庭实际出发制订最全面的保险计划。保险计划往往以营销员、保险经纪人根据家庭成员构成及身体状况、收入支出负债状况和家庭资产情况等做出家庭保险配置计划。营销员、保险经纪人的个人专业能力和个人绩效成为影响这份保险计划的干扰因素。

制订全面的保险计划，首先我们应遵循一定的原则，具体如下。

◆　将家庭所有成员考虑在内。

◆　对家庭财务影响最大的风险优先承包的原则。

◆　先大人后小孩。

◆　先家庭支柱后其他。

◆　先保障后投资。

◆　保费适度。

◆　保险组合。

◆　越早规划越好。

此外，由于现在年轻的上班族可能具有一定的贷款，所以对于这些有贷款的家庭保险一定要充足。而对于有宝宝的家庭，还要明白保费豁免的意义。

保险计划对于不同的家庭规划是不一样的，具体举例如下：

李先生，90 后，在一家公司任工程师，妻子在一家公司做人事经理，他和妻子都有社保，每月收入约为 15 000 元，有个 2 岁的宝宝。每月还需要还贷 2 800 元，家里生活费近 1 万元。

那么，对于李先生的家庭来说，该购买哪些保险最好呢？像李先生这样三口的家庭，首先应考虑给李先生和妻子购买保险，特别是李先生，最后再考虑宝宝。因为保障家庭的经济支柱是很重要的。除了基本的意外险，重疾险是考虑的重点。而对于保额应考虑在 20—50 万元最好，主要还是看家庭的预算。对于宝宝，同样要考虑意外险和重疾险，还可适当地考虑教育险。

如果家庭还没有孩子，那么全方位的保险计划同样是不同的，具体举例如下：

王先生，90 后，在一家公司做平面设计师，妻子在一家公司做文员，两人都有社保，两人每月收入近 10 000 元，每月需要还贷约 1 800 元，两人消费每月约为 5 000 元，人情往来约 1 000 元，每月孝敬双方父母各 1 000 元，家庭每月的余额不多。

如王先生一样的两人之家，该如何规划保险呢？首先是意外和重疾不可少，同样王先生是保险重点，因为他是家庭的经济支柱。然后两人可以购买相应的分红险补充社保，同样实现一定的理财。最后，可考虑为双方的父母购买相应的补充医保的养老保险，减轻将来的养老压力。

最后，无论哪一种家庭，将保费控制在年收入的 15% ~ 20% 最适宜。

5.3.2 保险的理赔技巧

保险理赔是保险经济补偿职能的一种体现，即使你没有理赔过，应该也见过身边的朋友理赔，有没有遇见很麻烦的情形呢？如何能实现科学、及时且合理的理赔呢？

当用户出险后，如何实现快速理赔？需要掌握一定的小程序，简单介绍如下，仅供参考。

- ◆ **明确保险责任**：明确该事故是否在保险理赔范围内还是免责，一般保单都清楚地记载了哪些属于保险责任，哪些属于免责的。保险公司承保后，一旦出现保险责任的事故，个人或者家庭可以向保险公司索赔，否则，不能赔偿。

- ◆ **确认保险种类**：在事故发生后，应明确该事故由哪一类保险负责，是意外险、重疾险或者其他。

- ◆ **了解基本的保险知识**：用户对相关的保险知识，如保险期限、承保内容、保险赔偿责任范围、保险金额和实际赔偿额等信息应清楚明白。从而在出险后能更好地维护自己的正当权益，否则容易闹出笑话。

- ◆ **明确理赔程序**：在事故发生后，多长时间内联系保险公司、需要提交哪些资料以及什么是备案等，都是需要思考的问题。

事故发生后，什么手续也不办，单证也不提供，到保险公司找熟人、托门路，希望能得到理想的赔偿，这是一种误区。保险公司的理赔过程有数道程序监督，每一笔费用支出有严格的界限，数道审批关口，与找熟人没啥关系，根据要求提供手续、单证才是根本。

5.3.3 保险的理财功能

保险的理财功能，主要体现在购买一些理财险，不仅实现保障，同时还实现了理财的功能。如购买分红险、投资连结险、年金险和万能险等。下面简单以分红险的购买为例进行介绍。

分红险一般指保险公司在每个会计年度结束后，将上一会计年度该类分红保险的可分配盈余，按一定的比例、以现金红利或增值红利的方式，分配给客户的一种人寿保险。并不是所有的家庭都适合购买分红险，一般如下的家庭不建议购买。

◆ 在短期内需要大笔开支的家庭。

◆ 收入不稳定的家庭。

◆ 注重保障需求的家庭。

一般保险公司都承诺，分红险在保险期限到期的时候，保费返还。未到期的保费一般由各大保险公司进行投资理财，对保单的保值、增值都将是很好的保证。保险公司一般会将可分配盈余的70%给客户，但是如果分红账户没有盈余，也就不存在红利的说法。因此，投资前应客观看待。毕竟购买保险的本质是保障不是投资。

分红险具体是怎样的呢？简单举例说明如下：

罗先生今年28岁，去年结婚，宝宝刚8个月，在他和妻子都买了相应的分红险后，他和妻子商量也给宝宝购买一份分红险，详情具体如表5-1所示。

表5-1　分红险明细

项目	描述
名称	少儿两全分红险
保额	10万元
保障期限	0~30岁
保费	年交保费1.454万元，交费至宝宝18岁
保障金	主要包括生存金、满期金、成长保险金和身故金；其中生存金在宝宝年满18、22和25周岁分别一次性给付8万元，作为生存奖励；满期金在宝宝年满30周岁时，一次性给付满期保险金6万元；成长保险金如宝宝不幸在18岁前身故或高残，每年给付5万元直到宝宝18周岁；身故金是18岁前身故，按所交保费的120%给付，18岁之后，按还未领取完的生存保险金和满期金一起一次性支付身故保险金
豁免保费	投保人在合同生效后或生效180日后身故或高残，失去交费能力，保险公司免交以后各期保费，但合同继续有效

续上表

项目	描述
红利	每年领取分红，大小以公司公布的利率为准，到时会发放红利通知书

上例中的分红险，主要在于每年分红和成长保险金，此外还有身故和高残的保障。同样，在保险公司的官网，我们可以实现分红险的购买，只需选择"所有保险商品 / 养老理财 / 分红型年金保障"选项，如图 5-11 所示。

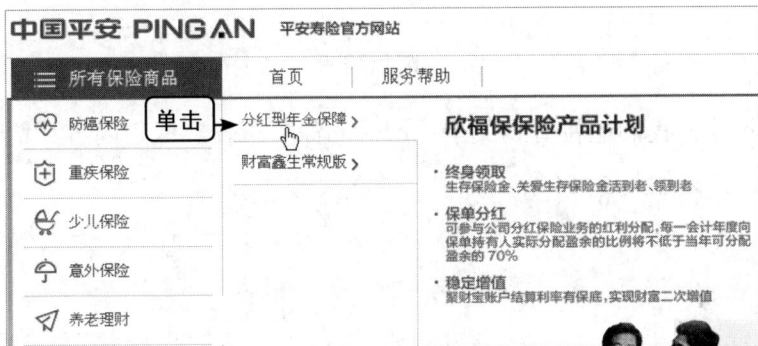

图 5-11

进入产品详情页面，我们即可看到产品亮点，如月月给付、终身领取以及保单分红等，如图 5-12 所示。

图 5-12

同时我们还将看到关于该产品的信息，如投保年龄、保额、交费期、保障期和交费方式等，如图 5-13 所示。

投保年龄	18-55周岁		交费期	10年
保障额度	500-20000元	查看 ▶	保障期	终身
交费方式	月交/年交		犹豫期	20个自然日

图 5-13

此外，我们还将看到关于该产品的保险责任、保障内容和给付说明等，具体如图 5-14 所示。

保险责任	保障内容	给付说明
生存保险金	按月给付1倍基本保额至终身	60周岁的保单周年日（含）开始或交费期结束
关爱生存金	每个保单周年日给付1倍基本保额至终身	60周岁的保单周年日（不含）开始或交费期结束
身故保险金	所交保险费减去截止到被保险人身故之前最近的保单周年日（含）累计生存保险金及关爱生存保险金之和与现金价值的较大值	被保险人不幸身故
保单分红	以每年分红报告为准	保单有效
欣福终身寿身故保险金	60倍主险基本保额	被保险人不幸身故
年金	聚财宝17Ⅱ所交保险费－（累计部分领取+累计年金领取）和身故当时聚财宝17Ⅱ的保单账户价值的较大值	主险合同生效满5年后，被保险人仍生存
聚财宝17Ⅱ身故保险金	60倍主险基本保额	被保险人不幸身故

图 5-14

根据如上的产品说明，如果 30 周岁的张先生选择购买该款产品，那么如果基本保额：1 000 元；交费期：10 年；保险期间：终身；月交保费：1 824 元；10 年累计交费：218 880 元。如果选择 60 周岁开始领取生存金和关爱生存金，红利领取方式为转万能账。

5.3.4 为什么我还没有"返钱"

保险公司的产品有的具有返钱一说，如到期未出现意外，本金返还或者生存金返还，看下面一个例子。

如图 5-15 所示的是中国人寿的国寿安享一生两全保险（分红型）保险，就是一款到期返还的保险。

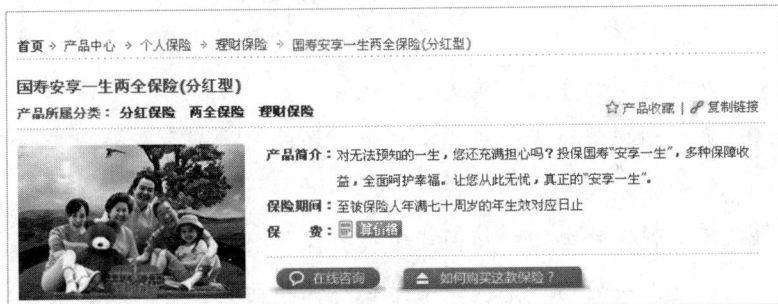

首页 ▶ 产品中心 ▶ 个人保险 ▶ 理财保险 ▶ 国寿安享一生两全保险(分红型)

国寿安享一生两全保险(分红型)
产品所属分类：分红保险　两全保险　理财保险　　　　　☆产品收藏 | ⊗复制链接

产品简介：对无法预知的一生，您还充满担心吗？投保国寿"安享一生"，多种保障收益，全面呵护幸福。让您从此无忧，真正的"安享一生"。
保险期间：至被保险人年满七十周岁的年生效对应日止
保　　费：⊞算有格

💬 在线咨询　　　⤴ 如何购买这款保险？

图 5-15

30 周岁的李先生家庭和美，事业有成，今年刚刚有了一个健康可爱的宝宝，他选择为自己购买了"国寿安享一生两全保险（分红型）"，每年投入 2 万元，共交 5 年，累计投入 10 万元。李先生将获得的保险利益如下。

◆ **生存返还：**生存至 40 周岁，保单年生效对应日返还 4 万元；生存至 45 周岁，保单年生效对应日返还 6 万元。

◆ **最高保额：**其中最高疾病身故保障 10.5 万元；最高意外身故

保障 20 万元；最高重大自然灾害意外身故保障 30 万元。

◆ **累积红利**：低等分红水平，40 年累积红利为 10 419 元；中
等分红水平，40 年累积红利为 41 675 元；高等分红水平，40
年累积红利为 72 931 元。

对于如上的保险，除了基本的保额，重点是累计红利和生存返还。
其中累积红利、周年红利按假定的累积年利率复利计算，实际累积年
利率由保险公司每年宣布，根据红利保险业务的实际经营情况而决定。

而其中的生存返还就是根据保险合同约定的日子，如李先生生存
至 40 周岁保单年生效对应日，保险公司将返还他 4 万元，这就是保险
公司的返钱，返钱时应注意如下几点。

◆ 与保险公司合作的不同银行，在通过银行转账返钱时，会有一
定的到账时间差，但一般不会超过 3 个工作日。在返钱时，可
以打电话和保险公司进行确认。

◆ 确认到账银行卡号是否与现金返还的账号一致，一般未指定账
号的会返还到交费的账号。

◆ 可以到保险公司的柜面或者拨打保险公司的全国服务专线进行
查询，一般当你办理保险返钱时，柜面的工作人员都会告诉你
几个工作日到账。

其中用户要注意，虽然用户购买的时候输入了出生年月等信息，
但是保险返钱不是在个人生日当天返还，而是根据相应的保险合同对
应的返还日返还。如上面的李先生购买的保险是 40 岁返钱，不是在他
的 40 岁生日那天返还，而是 40 岁那年合同的对应生效日返还。

因此，如果购买的是返还保险，到对应的返还日期，一般都能获
得返还金。如果没有返还，可能购买的不是返还保险或者还没到账。

股票，E 时代上班族普遍选择的投资方式

冒险是人的天性，所谓股市有风险，入市须谨慎。虽然是冒险，但是高风险高回报。而且，股票投资是 E 时代上班族普遍选择的投资方式。

有人在股市一败涂地，也有人在股市发家致富；有人望股止步，也有人屡战屡败，屡败屡战。有人说，股市就是一次赌博，完全是运气，但是并不是每个人都能拥有那么好的运气。所谓三分天注定，七分靠打拼，任何成功都是打拼而来，股市投资也一样。

本章就将告诉你，如何在变幻莫测的股市中，找到自己的财富。

6.1

走进股票投资

股票投资说来简单却也很难，在股票市场没有所谓的专家，只有赢家与输家。市场是位好老师，我们应在这位好老师的指导下，为股市买卖做一定的准备。当然，在遇见这位好老师之前，我们应该具有基本的知识储备，如股票常识、股票代码和股票专业术语等。

6.1.1 小白认识股票与交易

作为一名股市小白，应从最基本的认识开始，如什么是股票。股票是一种有价证券，是股份有限公司为了筹集资金，公开或私下向出资人发行的凭证。投资者通过拥有该公司的股票，即成为公司股东，可以分享公司收益，但同样也得和公司一起承担风险。

从本质上来说，股票本身只是一种虚拟资本，其本身仅仅是一张记载权益的纸张。甚至 E 时代下，已经没有任何纸张，所有的交易都在网上进行，它仅仅作为存储在证券交易中心的电脑中的一种数据，本身没有任何价值。目前，股票交易已成为证券市场中长期使用的一种交易方式。也成为 E 时代下，上班族普遍选择的投资方式。

股票与其他的理财产品一样，具有它自身的特色，如收益性、流通性、风险性和参与性等。一旦投资者购买了某公司的股票，那么只要该公司没有破产，就可以通过持有的股份以红利的方式分享该公司的盈利。当然，投资者也可以选择在证券市场买卖股票，通过差价收益来获得相应的投资收益。

需要注意的是，股票一经买进，就不得以任何方式要求股票发行人退还入股本金，投资者只能在证券市场进行买卖或转让。而股票相对于债券、基金来说，可以随时在市场转让，而且可以继承、赠送和抵押等，流动性较强。

6.1.2 股票有哪些类型

根据不同的分类标准，可以将股票划分为不同的股票类型。从公司上市来说，可以将股票划分为 A 股、B 股、H 股和 L 股等；而根据公司盈利的分配顺序不同，可以将股票划分为普通股与优先股；从投资主体上，可以将股票划分为国家股、法人股和公众股，详情如下。

◆ A 股、B 股、H 股、L 股、S 股和 N 股

A 股、B 股、H 股、L 股、S 股和 N 股等，主要是从公司上市和买卖主体上进行区分，详情如表 6-1 所示。

表 6-1 按照股票是否上市进行划分

类型	明细
A 股	A 股又叫作人民币普通股票，是由境内注册公司发行，规定以人民币进行交易，供我国境内机构和个人买卖的股票
B 股	B 股又叫作人民币特种股票，也是由境内注册公司发行的股票。它以人民币标明面值，供我国境内居民以外币进行交易。在上海上市的 B 股以美元报价，在深圳上市的 B 股以港元报价
H 股	我国股份有限公司在内地注册，并在中国香港上市发行的外资股
L 股	在我国内地注册，在伦敦上市发行的外资股
S 股	在我国内地注册，在新加坡上市发行的外资股
N 股	在我国内地注册，在纽约上市发行的外资股

根据证券交易所实施的股票上市规则，对财务状况或其他状况出现异常的上市公司的股票交易进行特殊处理。

如根据公司财务状况，对某些股票加以 ST 或 PT 标识，以表明其特殊意义。

◆ 普通股与优先股

普通股是投资者最常购买的一种股票，但同时也是风险最大的一种股票；而相对于普通股而言，优先股的收益率高于普通股，风险也更小，但是在股票的交易和参与权上会有限制。

◆ 国家股、法人股和公众股

国家股又叫作国有资产股，是代表国家投资的部门或机构以国有资产向股份有限公司投资所产生的股份，也包括原国有企业向股份有限公司形式转换时，将现有资产折合成的国有股份。

法人股是企业法人或具有法人资格的事业单位和社会团体，以其合法资产投资股份有限公司所形成的股份。一般分为国家法人股和社会法人股。

公众股也称个股，是我国境内个人或股份公司内部职工以其合法财产投资于股份有限公司所形成的股份，也是普通股民所接触的股票。

6.1.3 股票代码很重要

股票代码简单说就是通过数字来表示不同种类的股票，一个公司的股票代码就像不同地方的车牌号。不同的是，股票代码代表着股票公司的实力和知名度，如图 6-1 所示为沪市 A 股的股票代码。

沪A		沪B		深A		深B	
600000	浦发银行	600001	邯郸钢铁	600002	600002	600003	ST东北高
600004	白云机场	600005	武钢股份	600006	东风汽车	600007	中国国贸
600008	首创股份	600009	上海机场	600010	包钢股份	600011	华能国际
600012	皖通高速	600015	华夏银行	600016	民生银行	600017	日照港
600018	上港集团	600019	宝钢股份	600020	中原高速	600021	上海电力
600022	山东钢铁	600023	浙能电力	600025	华能水电	600026	中远海能
600027	华电国际	600028	中国石化	600029	南方航空	600030	中信证券
600031	三一重工	600033	福建高速	600035	楚天高速	600036	招商银行
600037	歌华有线	600038	中直股份	600039	四川路桥	600048	保利地产
600050	中国联通	600051	宁波联合	600052	浙江广厦	600053	九鼎投资
600054	黄山旅游	600055	万东医疗	600056	中国医药	600057	象屿股份

图 6-1

股票代码根据股票的不同分类，同样可以分为不同的类型，具体如下所示。

◆ **创业板**：创业板的代码是以 300 开始的股票代码。

◆ **中小板**：中小板的代码是 002 开头。

◆ **A 股**：沪市 A 股的代码是以 600、601 或 603 开头。深市 A 股的代码是以 000 开头。

◆ **B 股**：沪市 B 股的代码是以 900 开头；深圳 B 股的代码是以 200 开头。

◆ **新股申购**：沪市新股申购的代码是以 730 开头；深市新股申购的代码与深市股票买卖代码一样。

◆ **配股代码**：沪市以 700 开头，深市以 080 开头。

一般股民通过查询股票代码就可以方便识别股票、选择股票、交易和了解公司的行情等。

6.1.4 股市必须懂的专业术语

作为股市小白，会不会有对于股市术语懵懂的时候？对于别人无意间提起的股市名词稀里糊涂？要想在股市有一定的收获，关于股市专业术语的掌握必不可少。股市术语较多，一般我们可以分为与股票

价格相关的常用术语、股票市场的术语、与股票发行和上市公司相关
的术语以及与盘口相关的常用术语等类型。

股价相关术语，简单理解就是与股票价格息息相关的常用术语，
具体如表 6-2 所示。

表 6-2 股价常用术语

术语	说明
票面价格	股票发行公司在发行股票时设定的股票的面额
天价	某些股票由多头市场转为空头市场时的最高价
填空	在跳空出现时，将未交易的空价补回来，以填补跳空价位
填（涨）权	在股票除权后，股价上涨，将除权的差价补回的现象
填息	在股票除息后，股价上涨到接近或超过除息前的股价，从而使除息前后的差价被弥补的现象
贴（跌）权	股票在除权后，股价在除权后的价格基础上再往下跌的现象
平（横）权	股价长时间平盘，除权除息产生的缺口没有动静的现象
铁底	股价不可能下跌到最底线
头部	股价在上涨过程中遇到阻力而下滑时的阻力点
白马	股票的价格有上涨趋势，且上升空间很大的股票
黑马	在一定时间内，股票的价格上涨一倍或几倍的股票
最高 / 低价	在当天的各种成交价格中最高（低）的成交价
涨跌	每个交易日收盘价与前一交易日收盘价相比来决定股票的涨跌，高于前一交易日收盘价为涨，用"+"表示，反之为跌，用"-"表示
涨停板价 / 跌停板价	为了防止股票在公开竞价的过程中出现暴涨或暴跌，引起过分的投机现象，证券交易所限制了每只股票当天的价格涨跌幅度，当股票上涨（下跌）到限定价格后将不能再上涨（下跌），股市中将这种现象称为停板。当天的最高限价称为涨停板价，而当天的最低限价被称为跌停板价

与股票市场相关的术语简单介绍如表 6-3 所示。

表 6-3　股市常用术语

术语	说明
牛市	指市场行情普遍上涨并延续较长时间的大升市，也称多头市场
熊市	指市场行情普遍看跌且持续时间相对较长的大跌市，也称空头市场
看多	预计股价将会上涨，对股市行情非常看好
看空	预计股价将会下跌，认为股市发展前景不好
利多	指来自政治、社会及上市公司等多方面的有利于股价上涨的消息
利空	指来自多方面的会刺激股价下跌的消息
短多	预测股价将上涨而买进大量股票，短期保持后即将其卖出
长多	预测股价定会上涨从而买进大量股票并长时间持有，待股价上涨到一定价位时再卖出，从中获取高额差价
实多	持有强大资金实力的投资者对股市前景看好，大量买进股票，即使股价暂时下滑也不急于卖出
实户	买进某股票后长期持有，从而获取高额回报的投资者
多翻空	原来对股市前景看好，突然改变看法而将手中的股票大量卖出的行为
多杀多	普遍认为股价将上涨而竞先买入，而当天股价并未预期上涨，到快收市时又争先卖出股票，造成股价下跌的行为
空翻多	空头突然改变看法，将已卖出的股票买回或增买更多股票的行为
诱多	指主力、庄家故意制造股价将上涨的假象，使部分投资者以为股市形势看好，从而大量买进股票的行为
建仓	投资者预测股价将上涨而买进股票
仓位	投资者已经投入的资金与总投资资金的比例
囤仓	大量买入股票而不急于卖出
持仓	保持手中的股票不买也不卖，等待时机
轻仓	在计划投资资金和已投资资金中，已投资资金占比重较轻
重仓	在计划投资资金和已投资资金中，已投资资金占比重较重

续上表

术语	说明
满仓	将所有计划投资资金全部买为股票，已无现金
半仓	将计划投资资金的 50% 买成股票，留下 50% 现金备用
平仓	指买进原卖出的股票，卖出原买进的股票，保持现金与股票所占的比例不变
斩仓	又称"割肉"，指将买进的股票亏本卖出
全仓	指将所有计划资金一次性创建或平仓，没有剩余现金
倒仓	庄家自身或庄家与庄家之间进行股票的转移
补仓	以新的价格买入某只股票，以增加股票所占比例，可降低平均成本
散户	资金少，从事少量股票买卖的
大户	资金实力雄厚、股票买卖量大且有丰富实践经验的投资者
机构	依法从事股票交易的法人，如证券公司、保险公司等
庄家	资金实力雄厚，持有某只股票 10% ~ 30% 的股权，通过控制股票走势和股价变化而获取利润的投资者
主力	有很强的经济实力，可以通过股票的买卖来影响两个股市行情的投资力量
行情停滞	指股价不涨也不跌，投资者持观望态度而不出手的现象

与股票发行和上市公司相关的术语具体如表 6-4 所示。

表 6-4 股票发行和上市公司相关的术语

术语	说明
股本	代表上市公司的所有股份的总和，股本理论上应等于上市公司的注册资本
股东	以其合法资产用合法的方式购买股份有限公司的股份，就是该公司的股东，可凭购买股份的多少享受相应的股东权益
股民	在证券交易市场买卖股票，从中赚取差价的群体

续上表

术语	说明
高息股	指上市公司在利润分配时派发较高股息的股票
增资	上市公司为业务发展需要而办理有偿配股或无偿配股的行为
股票发行	指符合证券发行条件的上市公司按法定程序向投资者募集资金的行为
承销	股票的销售工作专门委托给专业的股票销售机构代理
倒仓	庄家自身或庄家与庄家之间进行股票的转移
主承销商	上市公司聘请的专门负责新股的上市辅导和帮助发行股票的证券公司
股票发行价	股票首次公开发行时向投资者提出的购买价格

用户在炒股的过程中关注的重点还有盘口一词，用户通过盘口还能获得很多信息，而与盘口相关术语如表 6-5 所示。

表 6-5 盘口相关常用术语

术语	说明
开盘价	每个交易日的开盘价通常由集合竞价产生。对于集合竞价未产生最终结果的情况，沪深两市对开盘价都有不同的规定
开低盘	当日开盘价比上一交易日收盘价低
盘口	股票交易中，具体到个股买进或卖出的 5 档或 10 档交易信息
盘体	描述整个股市行情形状的俗称
高（低）开	当日的开盘价高（低）于前一交易日的收盘价
买盘	以比当前市价更高的价格进行委托买入，并达成成交的一种行为
崩盘	由于某种原因造成股票大量抛出，接货能力相当低，从而导致股价无限制地下跌，何时停止无法预测
杀跌	主力或庄家在股价下跌的过程中抛出股票，使股价继续下跌

续上表

术语	说明
支撑线	又称抵抗线，指股价在下跌过程中，做空头的投资者都认为已经有利可图而买进股票，使股价停止下跌甚至回升时的关卡
阻力线	股价上涨到一定程度时，投资者认为有利可图而大量卖出股票，使股价停止上涨甚至回落时的关卡
全盘尽黑	当日所有股票都呈下跌状态
护盘	庄家或主力在股市低迷时期买进股票，带动中小投资者跟进买入，刺激股价上涨的一种操作手法
扫盘	指庄家或主力不计成本，将卖盘中的挂单全部吃掉的行为
升高盘	开盘价比上一交易日收盘价高出很多
死叉	指下降中的短期移动平均线自上而下穿过下降中的长期移动平均线的现象，表示股价将持续下跌
金叉	与死叉相对，指短期的移动平均线从下向上穿过长期移动平均线后，两条平均线均保持上扬走势的现象，表示股价将持续上涨

如上这些表格只是简单描述了一些常见的股市术语，在股市中常用术语还有很多，我们平时要多进行了解。

6.2
上班族如何开启股票交易

当用户对股票有了基本的认识后，接下来就需要进行股票投资的战前准备了，如开立基本账户、了解交易流程和交易时间以及查看相关行情等。知己知彼方能百战百胜。

6.2.1 股票账户的开立

买卖股票是投机与投资相结合的理财工具，股票买卖账户的开立必须要符合相关法律的规定。开户主体必须要符合合法性和真实性。不同的主体开立股票账户所需要的资料也不同。

以下几类用户则无法开户进行炒股。

◆ 证券主管部门及证券交易所的职员与雇员。

◆ 党政机关干部、现役军人。

◆ 被宣布破产且还未恢复者。

◆ 未经证券主管部门或证券交易所允许者。

◆ 法人委托开户但未能提供该法人授权开户证明者。

◆ 曾因涉嫌证券交易案件在查未满三年者。

◆ 其他。

股票账户是指投资者在券商处开设的进行股票交易的账户。一般包括开立股东账户和开立资金账户，两类账户齐全才能进行相应的股票买卖。开立相关账户的方式有两种，一是到证券公司进行开户；二是网上开户。下面以 A 股开户简单介绍如下。

其中，到证券公司开户主要分为如下步骤。

◆ 首先，选择一家证券公司。

◆ 其次，携带相关资料，如本人身份证和银行卡。

◆ 再次，开设相应的股东账户卡。

◆ 再其次，填写开户申请书，签署《证券交易委托代理协议书》，开设资金账户。

◆ 最后，到银行卡所在的银行，出示《交易结算资金银行存管协议书》，办理资金的第三方存管。

在开立账户时，我们还需要注意，如果要开通网上交易，还需填写《网上委托协议书》，并签署《风险揭示书》。

随着 E 时代的来临，更多的股民们会选择在网上开户。网上开户系统可以办理资金账户、基金账户和证券账户等账户的开立。在开户时需要准备相应的资料如下。

◆ **身份证**：有效的本人身份证，临时身份证不可以。

◆ **手机**：开户时需要接收验证码和数字证书下载码，开户后需要进行回访激活。

◆ **银行卡**：必须是借记卡，暂不支持信用卡。

◆ **网络**：主要是摄像头、麦克风，需要确保语音设备良好。开户中需进行视频认证，因此需要较好的网络。

用户在网上申请开户后要注意，会有一个"开户办理中"的状态，表示证券公司正在审核你的开户资料。还要注意的是账户激活后的下一个交易日才可以买卖证券。此外，如果已经在别的证券公司开户，现在想转到另一家证券公司来，进入证券公司网站，直接单击"网上开户"按钮，输入相应的资料，网上办理开户即可。

6.2.2 股票交易的流程

当用户已经开立了股东账户及资金账户，并且对股市行情动态进行分析以后，如果已经看中一只股票，那么接下来就需要迅速出击，进行股票购买。但是股票买卖的流程是怎样的呢？具体介绍如下。

◆ 首先，向资金账户存入足够的资金。

◆ 其次，查询股价行情，做出交易决定。

◆ 再次，通过网上交易系统下单。

◆ 再其次，进入交易主机委托列表，自动执行竞价交易并完成清算、交割与过户过程。

◆ 最后，查询交易结果，取出或再投资现金。

相对来说，一般的炒股用户不能直接进入证券交易所参与股票买卖，只能委托股票经纪人来代理买卖。网上炒股仅仅是将委托关系从书面化转入到电子化。在网上交易系统下单，需要办理相应的委托交易，具体可以从形式、价格、数量和性质等方面进行委托。

如果股民一旦委托成功后，就会由系统自动完成清算交割的过程，即系统将相应的资金从 A 用户的账户中扣除或划入 B 用户的账户中。

6.2.3 股票交易的时间与费用

股票交易需要遵循相应的时间规则，非每时每刻都能进行相应的交易，具体如下。

◆ **交易时间**：深沪证交所市场交易时间为周一至周五，其中上午交易时间为 9:15~11:30，中午休市 1 个半小时，下午交易时间为 13:00~15:00。

◆ **集合竞价时间**：一般为交易日的早上 9:15~9:25。

◆ **休市日**：即非交易日，一般为周六、周日和交易所公告的休市日，如五一、十一和春节等国家法定节假日。

我们需要注意，一般集合竞价非常重要，当天好的股票，主力都会在集合竞价时间里抢筹买入。

此外，我们还需要明白股票交易时间中的 T+1 和 T+0 是什么，T+1，一般指当日买入的股票，需要到下一个交易日才能卖出；而 T+0 一般指当日买入的股票，当日就可以卖出，并且可以无限制交易。

一般市场的股票交易时间就是 T+1，中国香港、日本和美国等股市实行 T+0 制度，但是在资金转出时存在差别。

除了股市交易时间，我们还需要注意，一般每笔交易都需要支付相应的费用如佣金、委托费、印花税和过户费等。

6.2.4 在软件上查看股市行情

对于股市行情的了解，我们需要借助一些行情分析软件，如同花顺行情分析软件。首先你需要下载安装该软件，然后登录该软件，用户即可看到相应的行情信息，如综合看盘、今日关注、近期热点、外盘概况、自选股涨幅排名和自选股新闻等，如图 6-2 所示。

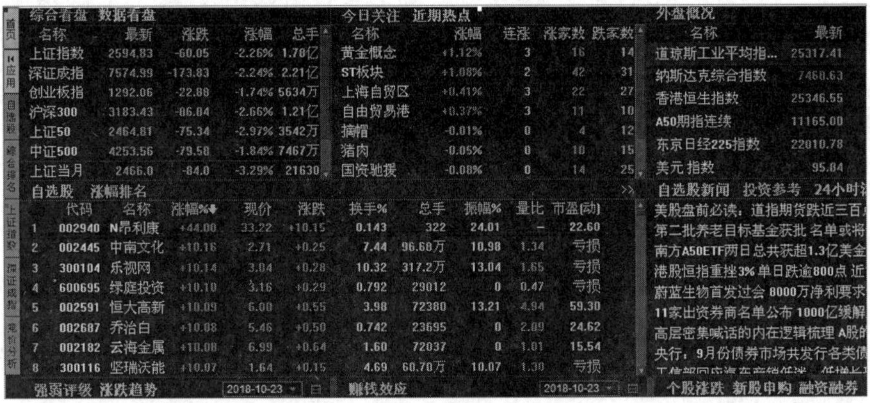

图 6-2

如上图所示的，代码为 300104 的乐视网，涨幅为 10.14%，现价为 3.04 元，涨跌为 0.28，换手为 10.32%，总手 317.2 万，振幅 13.04%，目前处于亏损状态。同时我们还可以查看当日的交易情况，如 6-3 左图所示，以及该股的 K 线图，如 6-3 右图所示。

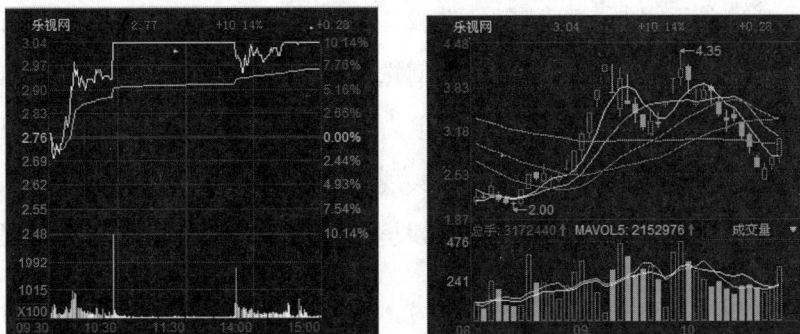

图 6-3

对于投资者来说，除了行情分析，还需要了解买卖交易的软件。为了方便投资者使用，很多券商都会将自己的交易外挂程序与行情分析软件相结合，在投资者开户时一同赠予用户使用。

6.3
网上买卖股票的必备操作

在网上买卖股票时，我们需要进行相应的设置，如挑选优质股、股票诊断和股票价格预警设置等，简单介绍如下。

6.3.1 挑选优质股

对于理财者来说，特别是理财小白，挑选一只优质股显得很有必要。因为它将直接关系到投资的成败，所以这就要求选股时一定要慎重。作为个体散户，一般可以从股票的大体走势、股票近日排名和个股 K 线图等方面去选择一只适合的股票。

一般在不同的大环境下，选股的策略有所不同。股市存在牛市和熊市的说法，在两种市场下该如何选股呢？在牛市中选股，流传着一个"三高"理论，即涨幅要高、主力资金介入程度要高和板块呼应度要高。在牛市的大环境下，可以实现组合投资，并且通过涨停介入、紧握龙头、新高介入、阻力介入和趁火打劫等方法，可以在一定程度上帮助理财者挑选到优质的个股。

与牛市环境大好不同，熊市选股则应更多地注重股票的质地。在熊市中一般建议是不操作任何股票，若确实想要介入，可选择有主力资金介入、熊市后暴跌、发行公司发展前景良好、靠近重要支撑位且基本面变化较大，有望突破上涨的公司的股票。

对于进入股市中的投资者，一般可以分为稳健型和激进型两类，其对于优质股的挑选采用的方法也不同，因人而异。

6.3.2 股票诊断

当人感觉身体不舒服时，我们需要通过医生的诊断，从而进行相应的吃药打针。与此诊断不同的是，股票诊断是股民们通过相应的平台诊断，从而决定是否投资某股或者增持该股的一种手段。

个股诊断，一般通过基本面、技术面和机构认同度等 3 方面分析，为投资者关心的股票提供准确科学的诊断结果，有效测评股票内在的投资价值及市场价值。

如通过登录同花顺财经网站，在问财栏目里输入个股诊断，从而进行下一步操作，如图 6-4 所示。

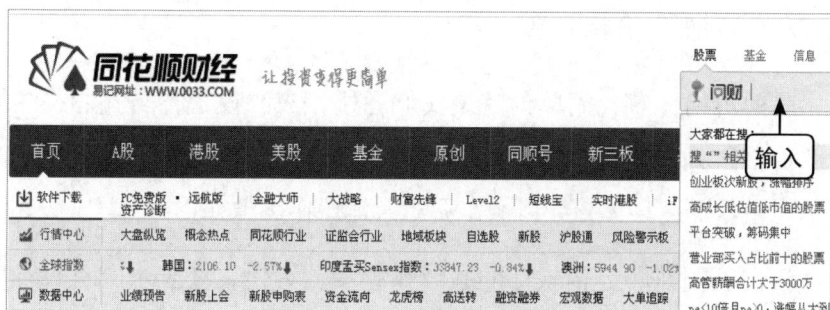

图 6-4

系统将自动得到相应的诊断结果，如图 6-5 所示，股票代码为 002475 的个股，跌了 3.55%，其中的技术面评分为 7.80 分，资金面的评分为 7.70 分，消息面的评分为 8.30 分，行业面的评分为 6.30 分。虽然目前走跌，但是从牛叉诊股的综合评分上来说，还是排在前面的。

序号		股票代码	股票简称	价(元)	涨跌幅(%)	牛叉诊股综合评分(分) 2018.10.22	技术面评分(分) 2018.10.22	资金面评分(分) 2018.10.22	消息面评分(分) 2018.10.22	行业面评分(分) 2018.10.22
1		002475	立讯精密	17.10	-3.55	7.70	7.80	7.70	8.30	6.30
2		300451	创业软件	20.49	0.45	7.60	9.00	7.40	9.10	2.90
3		600131	岷江水电		-0.39	7.50	9.00	6.90	7.90	5.20
4		002701	奥瑞金		-1.08	7.40	8.90	7.10	6.10	6.50
5		601601	中国太保	35.45	-1.91	7.40	9.40	7.80	5.50	6.00
6		601818	光大银行	3.94	-1.99	7.40	9.40	7.50	5.50	6.90
7		000001	平安银行	10.84	-2.78	7.30	9.40	6.60	6.60	6.90
8		000767	漳泽电力	2.80	-3.11	7.30	9.00	6.90	7.10	5.70
9		002085	万丰奥威	7.93	1.67	7.30	9.00	7.40	6.60	5.50
10		002258	利尔化学	18.61	-5.63	7.30	8.70	5.40	8.40	5.80

图 6-5

一般个股诊断的结果只适合用作参考，不能决定投资者是否一定要买入或者卖出该股，投资者需要多方面的考虑。而目前市场上的个股诊断软件和网站也较多，理财者应慎重对待，根据市场分析和投资经验等，选择最适合自身的股票。没有最好，只有最合适。

6.3.3 设置股票价格预警

股票价格预警，简单说就是我们通过相应的设置，当我们关注的股票价格达到预警价格时，会在电脑上弹出提示框提醒，具有一定的提示作用。那么具体该如何操作呢？具体操作步骤如下：

我们以同花顺行情软件的股票预警设置为例，在登录的首页，单击"智能"菜单项，选择"股票预警"选项，进入设置页面，如6-6左图所示。

单击"添加预警"按钮，在弹出的页面中进行设置，如股价上涨或者下跌到多少价格，如6-6右图所示。我们需要对于其他条件、预警方式和问财预警进行设置。

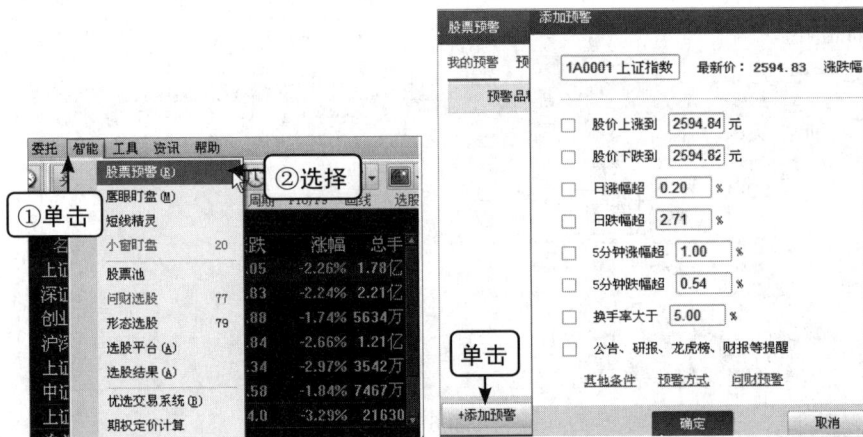

图 6-6

首先是对于其他条件中个股的选择，可以选择自己持有的个股，进行相应的价格设置，如6-7左图所示。

此外，我们还可以设置相应的预警方式，如选择弹出提示框、发出声音警报和预警时间等，如6-7右图所示。

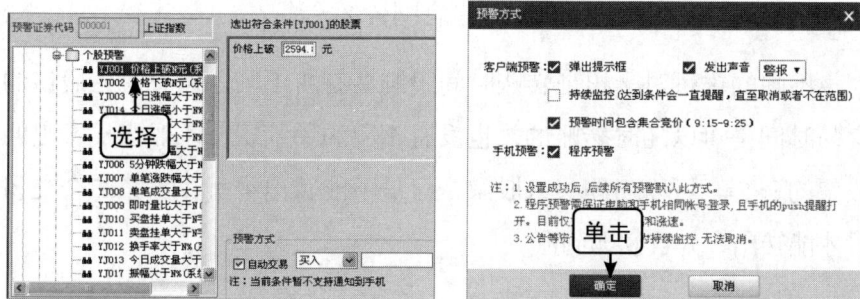

图 6-7

设置完成以后，我们将看到相应的预警结果，如图 6-8 所示。

图 6-8

我们不能时时刻刻地盯着自己的股票，只要我们设置好了相应预警，通过软件帮助我们盯盘，就将为我们节省很多时间和精力。更不会使我们错过相应的投资机会，更方便我们的操作。

6.3.4 银证转账

银证转账简单来说就是股民在银行开立的个人结算存款账户与证券公司的资金账户建立对应关系，通过银行的电话银行、网上银行、网点自助设备、证券公司的电话、网上交易系统及证券公司营业部的自助设备将资金在银行和证券公司之间划转的一种交易行为。

银证转账比较适合证券交易结算资金存取比较频繁的部分投资者。不同证券公司合作的银证转账系统服务手段存在一定的差异，具体情况可以到证券公司的营业机构或者官网咨询。

不同的银行对于银证转账时间限制会有所不同，但一般在股市的交易时间是可以随时转账的，也没有相应的手续费。一般当日卖出的股票的资金，可以当即买入股票，但是不能转出银行，需第二个交易日才能转出，并且立即到账。

常见的银证转账一般具有柜台转账和电话银行自助转账两种方式。在柜台转账需要客户填写转账委托书，由银行柜台工作人员通过电脑联网终端，帮助客户完成。

而电话银行自助转账是客户委托银行，通过在电话银行自助系统建立账户转账关系，并通过电话银行自助系统完成。

6.4
简单技术面股票分析要掌握

对于股市或者股价的分析离不开看图，那么看图又是看什么呢？一般常看的就是股市 K 线图，那么如何看懂 K 线图呢？本小节将做简单地讲解。

6.4.1 学会看价格 K 线图

K 线图是一种对于股价历史走势的记录，我们通过对 K 线图进行分析，可对于股市行情进行一定的判断，并且可预测股市未来的发展趋势。K 线图是股票技术分析中最常用的工具，因此，我们对于 K 线图应当有一定的认识。

K 线图一般是围绕开盘价、最高价、最低价和收盘价这 4 个数据绘制的。根据 K 线的计算周期可将其分为 5 分钟 K 线图、10 分钟 K 线图、日 K 线图、周 K 线图、月 K 线图和年 K 线图。

无论哪一种 K 线图，都有阳线和阴线之分。K 线的阳线（左）和阴线（右），如图 6-9 所示。

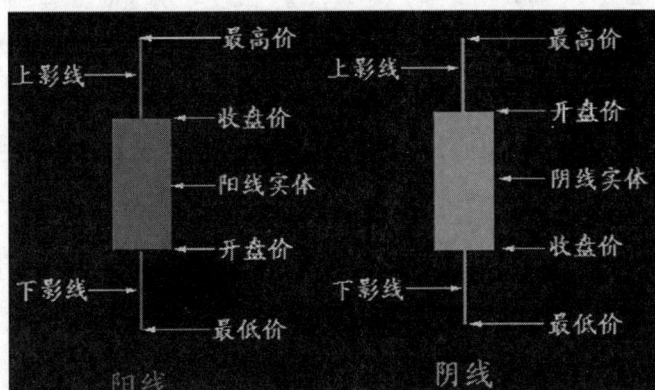

图 6-9

分时走势图记录了股价的全天走势，不同的走势形成了不同种类的 K 线，而同一种 K 线却因股价走势不同而各具不同的含义。

K 线图一般具有常见的大阳线、大阴线、开盘秃阳线、收盘秃阳线、开盘秃阴线、收盘秃阴线、十字形、T 字形、倒 T 形和一字形等几种形态。当然还具有一些组合的形态，这里不做详细讲解。

6.4.2 单根日 K 线的意义

单根日 K 线图一般根据当日的最高价、开盘价、最低价和收盘价

价格绘制而成，如图 6-10 所示的某股的日 K 线图，2018 年 10 月 24
日的日 K 线图就是由开、高、低和收四价绘制而成。

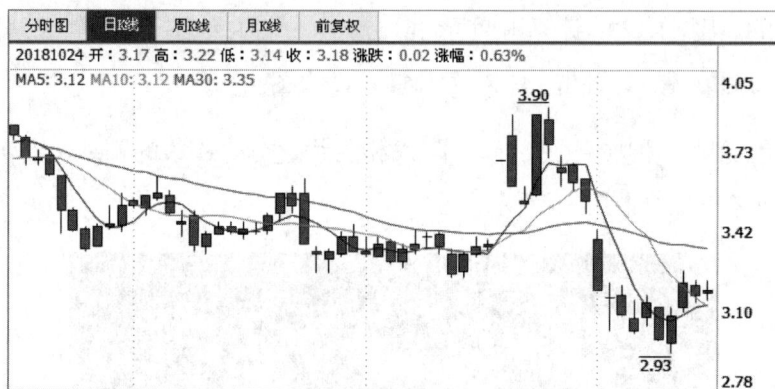

图 6-10

对于单根 K 线图的认识，可以从 4 个方面去了解。看阴阳、看实
体的大小、看影线长短以及看 K 线所处的位置。简单理解如下。

◆ 一般阴线表示下跌，阳线表示上涨。

◆ 一般实体越大，那么上涨或下跌的趋势就越大。

◆ 影线一般指具有一定的转折，如上影线的长度是实体的长度的
N 倍，则说明上涨的阻力很大，第二日下跌的可能性较大。

◆ K 线在高位和低位代表的含义是不一样的，如果在底部出现一
根大阴线，我们就需要谨慎了。毕竟阴线表示下跌，当然也可
能出现转折。

单根 K 线图一般包括星线、小阴线、小阳线、中阴线、中阳线、
大阴线和大阳线。而每一种状态代表的含义不同，代表股价的未来走
势也不同，我们应区别对待。

6.4.3 认识移动平均线

移动平均线，简称 MA，是运用统计分析，将一定时期内的证券价格（指数）加以平均，并且将不同时间的平均值连接起来，形成一根 MA 曲线，用以观察证券价格变动趋势的一种技术指标。

而股市里的移动平均线，就是把某段时间的股价加以平均，再根据相应的平均值绘制平均线图像。

移动平均线是由著名的美国投资专家 Joseph E.Granville 于 20 世纪中期提出的，是当今应用最普遍的技术指标之一，能帮助交易者判断相应的趋势走向。

移动平均线一般具有 5 天、10 天、30 天、60 天、120 天及 240 天的常用线。其中 5 天和 10 天是短期的移动平均线，比较适合短线操作时作参考；而 30 天和 60 天一般常用来做季均线指标；120 天和 240 天适合长线操作指标。

移动平均线常用操作是比较股票价格移动平均线与证券自身价格的关系。当股票价格上涨，高于其移动平均线，则提示可买入。当股票价格下跌，低于其移动平均线，则提示可卖出。

MA 具有趋势的特性，比较平稳，不像日 K 线会起起落落地震荡。周期越长的移动平均线，越能表现稳定的特性，一般不随意地向上或向下。它的本质是一种趋势追踪工具，便于识别未来的趋势。

但是需要注意，移动平均线存在一定的滞后性，如股价刚开始回落时，移动平均线却还是向上的；当股价明显跌落时，移动平均线才会走下坡。

因为移动平均线的滞后性，我们可以绘制多条移动平均线，根据不同周期从而来了解股价的总体运行趋势。

6.4.4 透过成交量看股价涨跌

股市的成交量和股价有没有关系，有什么关系，是正比还是反比关系？

在股市中曾出现了一种量价理论，该理论认为没有成交量的发生，市场价格就不可能变动，也就无股价趋势可言。成交量的增加或萎缩都表现出一定的股价趋势。

在该理论中，成交量与股价的关系可以归纳为如下几种。

◆ **量增价平，转阳信号**：股价持续下跌，甚至达到低位区，此时可能出现成交量增加、股价企稳现象，可适量买入。

◆ **量增价升，买入信号**：成交量持续增加，股价也转为上升，这是短中线最佳的买入信号。

◆ **量平价升，持续买入**：成交量保持等量水平，股价持续上升，可以选择适时适量参与。

◆ **量减价升，继续持有**：成交量明显减少，股价却仍在继续上升，适宜继续持有。

◆ **量减价平，警戒信号**：成交量显著减少，股价经过长期大幅上涨之后不再上升，此为警戒出货的信号。

◆ **量减价跌，卖出信号**：成交量持续减少，股价整体趋势开始转为下降，此时为卖出信号。

◆ **量平价跌，继续卖出**：成交量开始停止减少，股价急速的滑落，此阶段应继续坚持及早卖出。

◆ **量增价跌，弃买观望**：当股价经历大跌后，出现了成交量增加，此时需要注意杀跌，一般建议此时可放弃买入，空仓观望。

对于成交量与股价涨跌的关系是一个颇为复杂的技术问题，股价和成交量的关系没有固定的说法，专家们都有各自不同的观点，以上介绍的量价关系也是在一些特定的行情和价位才适用，但是一般可以根据综合 K 线图等多种综合因素考虑。

6.5

新手买股，心态很重要

作为股市的小白，没有知识、没有经验，胆大还要心细并且态度要良好。不盲目冒进，也不要畏缩不前，拿得起放得下很重要。

6.5.1 投资有原则

任何的投资都需要遵循一定的规则，股市也不例外。那么在股市我们需要遵循哪些原则呢？

- ◆ **因股而异**：将资金分散投资到不同股票中。
- ◆ **因时而异**：在不同时间投入资金到相同股票。
- ◆ **自主买卖**：一般指投资者在股票投资过程中，必须具有冷静的头脑，理智地判断得到相关消息的真实性。按照原定计划投资，不受其他不确定渠道消息干扰，不盲目地追涨杀跌。
- ◆ **平均利润**：一般指投资者预计的股票投资收益率是在社会平均收益率的基准上的，并以此制订了相应的股票买卖计划。
- ◆ **投资心态**：任何的投资我们都想低价买入，高价卖出，从中赚取相应的差价。但现实可能并非如此，因此我们应具有良好的心态，可遵循"投资入、投机出"原则。

当我们投资时，都想要了解即将持有的某股的实际价值，但我们如果要了解股票的实际价值，需要从多方面考虑。如股票的发行公司、公司的发展前景和公司现状等基本面上深入分析该股票。当确定该股具有一定的投资价值以后再出手，从而降低投资的风险。即使后期被套牢，时间也不会很长，当然给我们的心理压力也会小一些。

在投资时，我们要区别投资和投机。投机性买卖需要一定的技巧，在股市里则体现为当股价上涨到偏离其价值时，在股市氛围较好时，可在最高点时抛出，避免股价回跌。

6.5.2 识别股市陷阱

能入股市的，大部分是胆大的，正所谓高风险高回报，舍不得孩子套不着狼。但是实际上，很多投资者在股市中都亏本了，这除了专业、经验和行情等原因，还有股市陷阱，一不小心就要掉坑里。

那么该如何去识别这些陷阱呢？一般可以从如下几方面着手。

◆ **假消息**：很多股民炒股时喜欢听信各种"小道消息"，某些较有实力的投资者可能利用各种渠道发布一些利空或利多的消息，从而诱使投资者掉入陷阱。

◆ **虚假交易**：某些投资者具有较强的资金实力，以不同的身份在不同的证券营业部开立股票交易账户，然后在不同的账户之间相互转账，形成虚假的交易记录；或者使用一账户卖出，另一账户买入，从而拉高或压低了股价，进而将跟风者的资金收为己有。

◆ **压低与拉高**：这是庄家大户常用的一种炒作手法。他们通过强大的资金实力，制造各种小陷阱，从而达到压低吸货与拉高抛货的目的。

◆ **骗钱陷阱**：某些机构则利用其强大的资金实力和对技术分析的了解，控制股价的走势，形成一些虚假线图，从而使投资者误以为买卖时机已到，大量买入或卖出。

◆ **空头陷阱**：空头陷阱是指市场的主力利用雄厚的资金力量，大力做空，造成股市走弱，引起一定的恐慌。不够冷静的投资者可能会纷纷抛售，从而带来股价的波动。而此时，市场主力资金可能正在进入市场。

同一市场下，一部分投资者亏损，一部分投资者则大赚。投资者之间竞争激烈，有竞争就会有陷阱。因此，入股市，要谨慎。

6.5.3 最佳买入点

入股市，我们肯定希望在低价买入，高价卖出。那么什么价位才算是低价位，何时又出现高价位呢？这就需要我们确认一个最佳的买入点和最佳卖出点。

一般股票的买卖点可以从基本面和技术面出发，基本面主要为国家的调控政策、公司的年度报表和公司的近期大事等。这需要投资者有广泛的消息来源，并且对消息的可靠性能准确判别，并能极早做出反应；而技术面主要包括 K 线图和各种技术指标相结合，最终来确定最佳买卖点。

最佳买入点一般从如下的几种情形中诞生，具体如下。

◆ 普通行情中的两颗星。

◆ 上涨行情中的跳空上扬。

◆ 下跌后的下档五阳线。

◆ 下跌行情中的三空阴线。

◆ 下跌行情中的舍子线。

◆ 下跌行情中的反弹线。

◆ 其他。

除了如上的情况，一般还可以通过 K 线图与技术指标相结合来确定，此外，可能还存在其他的情形，如上仅供参考。

6.5.4 股市买卖小策略

一入股市深似海，风云变幻无穷尽。股市就像打仗，不仅需要一定的知识储备，还需要一定的战略战术。那么股市买卖都有哪些投资小策略呢？具体如下。

◆ **多股分批买卖**：主要体现在同一投资者将自己的资金投资到多只股上，分散投资风险，并且在抛出时，也可以分批次。

◆ **守株待兔**：一般指投资者在牛市到来之时，选择一只较好的股票，主要体现在质地上。以较低的价格买入，长期持有，等待股价上涨后卖出。

◆ **组合投资**：投资者可以根据个人或者家庭的实际情况，选择不同的组合进行投资，如选择价格低的潜力股。这就需要一定的投资眼光了。

◆ **及时止盈止损**：对于投资小白来说，由于专业和技术的缺乏，在这种情况下，一般建议投资者在买入股票时，可以设置相应的止盈点和止损点。

◆ **顺势而为**：顺势而为适用于多种投资场合，股市亦如此。当投资者在买卖股票时，可以根据股市的总体走势来决定是否买入或者卖出。

股市多变幻，因此投资策略也需要因时因人而变化。如上的几种投资策略仅供参考。

6.5.5 股市套牢怎么办

作为股市小白，被套牢是再正常不过的事了。那么当你已经被套牢时，你就需要知道自己是属于哪一种套牢。

股市套牢一般常见两种情形，价格套牢和价值套牢。价格套牢一般指买入后，股价就下跌，并且价格始终低于买入价，无论哪一种价格卖出都将亏损。价值套牢一般指当买入股票后，该股的投资收益却比银行存款的利息收入还低。

投资时，可能出现只套牢其中一种，或价格套牢或价值套牢。但也不排除两种套牢的组合，如价格套牢时价值也套牢，此时就需要采取不同的投资策略了。

当然，既然能被套牢，肯定是能被解套的。那么如何解套呢？简单介绍如下。

◆ **适时止损解套**：指投资者预测到股价大跌即将来临，或者下跌刚开始就果断斩仓卖出，适用于熊市初期。

◆ **摊平成本解套**：在买入股票后，股价一直跌，但是投资者不愿意斩仓止损。直到股价下跌到一定程度，以比原来更低的价格再次买入一部分同只股票，从而分摊相应的成本。

◆ **拔挡子解套**：一般指股价套牢后，在高位时卖出。当预测股价即将反弹时，在低位买入，并且在反弹过程中卖出。

◆ **做空解套**：主要是在熊市中，股票被套牢后，投资者可实现做空，在大盘见底后，在底部买入，等待反弹。

◆ **换股解套**：将手中持有的一些非潜力股卖出，可选择一些具有潜力的新股或者黑马股，从失去投资价值的股票中解套出来。

对于股市套牢后，如何解套，可能还存在一些其他的小技巧。如上的几种方法仅供参考。

第 7 章

07

基金与债券，勇于尝试收获多

对于年轻的上班族来说，积蓄不多，投资经验不够丰富，对于各种投资利弊也不够了解。那么要如何进行投资呢？是迎难而上还是后退一步？

没有天生的投资专家。不管是企业家还是投资专家，都是从理论、实验和操作中积累而成，有成功也有失败。作为一般的上班族，没有那么多投入资本以及时间和精力，所以汲取他们的投资教训，借鉴相关的投资经验，从适合自身的情况出发，选择适合自己的投资产品，比如债券、基金。不管选择哪一种，适合自己最重要，而且一定要学会分散投资。

而本章就将对于适合上班族的基金和债券进行简单说明，理论与实操并举。

基金，在稳妥中小赚一笔

我们常指的基金，一般就是各种证券基金，如开放式基金、封闭式基金、公司基金、契约型基金、货币基金、债券基金和股票基金等。不同的基金适用于不同的投资人群。而对于年轻人来说，常选的基金有货币基金、债券基金、股票基金和公司基金等。

7.1.1 最适合年轻人的基金投资

对于年轻人来说，一般最适合两种基金：债券基金和货币基金。

债券基金是债券的一种组合投资，不仅投资债券还可以用来投资定存或短期票券。相对来说投资者能在固定的期限获取相对稳定的利息。

债券基金一般适合保守型的投资者，它的收益相对稳定，大大地降低了投资风险，而且组合投资也分散了相应的投资风险。

货币基金又被称为货币市场基金，是投资于货币市场的短期有价证券的一种投资基金，一般平均期限为 120 天。它是投入现金的定存以及一些短期的票券的基金，可以作为资金的短期低风险港湾。主要品种包括国库券、商业票据和银行定期存单等。

债券基金和货币基金各有优劣，下面对两者进行简单对比，如表 7-1 所示。

表 7-1　债券基金与货币基金对比

对比项	债券基金	货币基金
金额起点	1 000 元起存	200—1 000 元起存
购买费用	一般具有申购、赎回费	无认购或赎回费
资金到账时间	T+5 工作日	T+2 工作日
持有时间	3~12 月	1~2 月
风险收益	风险低、收益高于货币基金	几乎无风险、收益低
投资对象	80% 基金投资于债券	投资货币市场的短期有价债券

债券基金和货币基金怎么购买，具有哪些小技巧，在接下来的小节中将进行详细讲解。

7.1.2　挑选基金的技巧

任何一种投资都有相应的投资技巧，基金亦如此。那么基金投资都具有哪些小技巧呢？以常见的货币基金为例，当投资者选择购买一只货币基金时，一般需要从渠道、品种、规模、基金公司和节假日基金处理等方面考虑。

◆ **渠道：**通过银行购买的货币基金，一般赎回到账需要 2~3 天，而通过一些基金公司，一般只需要 1 个工作日。

◆ **品种：**通过种子基金＋收益再投资，同时可选择上市时间较长、收益相对稳定的货币基金。

◆ **规模：**热门或者冷门都不太好，选择合适的规模最重要，保障收益率是根本。

◆ **基金公司：**选择的基金公司要具有完善的产品线，从而避免将来买卖基金的麻烦。

◆ **节假日基金处理**：货币基金的收益一般是在交易确认日就开始计算，如果我们选择在周五进行申购，那么只能过了周末，在周一的时候才能进行收益确认。一般周末不计算相关的收益，也没有银行存款的活期利息。因此，建议避免在周四或者周五进行申购。

除了如上的几点小技巧，我们在购买时还要注意，在购买前我们可以通过网络查询货币基金的收益率的排名情况，一般收益率越靠前越适合选择。

此外，对于选择新品种我们也要注意，新品种一般手续费较高，并且在短期的收益率也较低，因此选择时要慎重。

7.1.3 适合新手的基金收益计算

任何一种投资，最终的目的都是为了获得相应的收益，购买基金亦如此。那么基金的收益该如何计算？下面以适合新手购买的货币基金为例进行简单地说明。

货币基金一般存在两种收益计算方式：七日年化收益率和万份累计收益。七日年化收益率一般指某基金最近 7 日（含节假日）收益所折算的年收益率，基金公司给出的收益率一般是年化收益率；万份累计收益指的是理财者持有 10 000 元时当日能获得的实际收益，万份累计收益反映货币式基金在一段时间里的总收益。

在计算货币基金的收益时，我们要注意收益计算时间、周五申购 / 赎回的收益计算和节假日的收益计算等常见的 3 种情况处理。

对于货币基金的收益计算，一般是在 T 日申购，T+1 日就开始计算收益；T 日赎回，T+1 日开始不计算收益。

王先生通过余额宝购买了相应货币基金，他如果在 9 月 11 日申购，那么收益就在 9 月 12 日开始计算；如果在 9 月 29 日赎回，那么，30 日开始不计算相应的基金收益。

其次，如果在周五申购或赎回，收益如何计算呢？一般理财者在周五申购的基金份额，周五、周六和周日不计算相应的收益；而在周五赎回的基金份额，周五、周六和周日计算相应的收益。

李先生在 9 月 14 日（周五）申购了相应份额，那么收益就从 9 月 17 日（周一）开始计算；如果在 9 月 14 日（周五）赎回了相应份额，15 日和 16 日同样要计算相应的收益，在 17 日起不再计算相应的收益。

通过上述案例说明，一般不建议周五进行申购，而周四则不建议进行相应的赎回。

最后，当节假日出现，收益该如何计算呢？简单看下面的例子。

刘先生工作 3 年，合理开支有了一定的积蓄。在朋友的介绍下，打算购买某货币基金。眼看马上就到国庆假期，一般来说如果他在 9 月 28 日进行申购，那么收益就将从 10 月 8 日开始计算；如果他是在 9 月 28 日进行赎回，那么他的收益将从 9 月 28 日到 10 月 8 日，其中 10 月 8 日当天的收益不进行计算。

从上面的例子我们可以知道，如果我们在法定节假日前最后一个开放日申购基金份额，则该日和整个节假日期间不计算收益；如果我们于法定节假日前最后一个开放日进行赎回，该日和整个节假日期间的收益都需要计算。

此外，收益计算除了节假日的情况，我们还需要注意当日的申购和赎回时间。一般在 T 日的 15:00 以后申购，那就属于下一个申购日。如在周四 15:00 以后申购的，那么就默认是在周五进行申购的，收益从下周一开始计算。

7.1.4 基金的开户

不管收益的大小如何，前提是我们得有基本的账户进行买卖操作。股票买卖需要开户，基金同样如此。

首先，我们需要登录某基金官网，如华夏基金。在进入的页面单击"开户"按钮，进行基金的开户操作，如图7-1所示。

图 7-1

紧接着，我们就需要进行开户操作的银行卡选择，在出现的页面中有中国工商银行、中国农业银行、中国银行、中国建设银行和交通银行等，如选择"中国建设银行"选项进入下一步操作，如图7-2所示。

图 7-2

在选择相应的银行卡以后，我们就需要对身份进行相应的验证，如对开户者的银行卡、姓名、证件类型、证件号码、银行卡号码和银行卡手机号码等信息进行填写，填写完成以后，单击"确认"按钮，进入下一步操作，如7-3左图所示。

紧接着，我们还需要填写如个人手机号、邮箱、生日、职业和交易密码等，填写完成以后，单击"提交"按钮，如7-3右图所示。

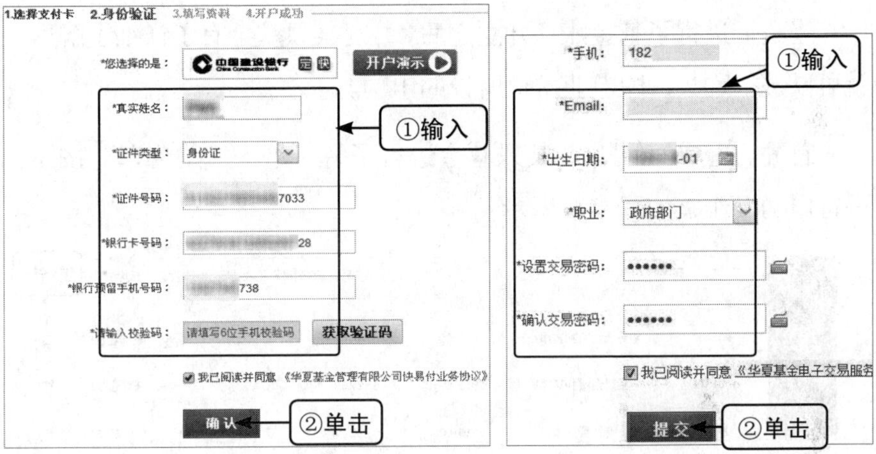

图 7-3

在接下来的页面中，系统将提示我们开户成功。可以单击"立即登录网上交易"按钮，进行买卖操作，如图7-4所示。

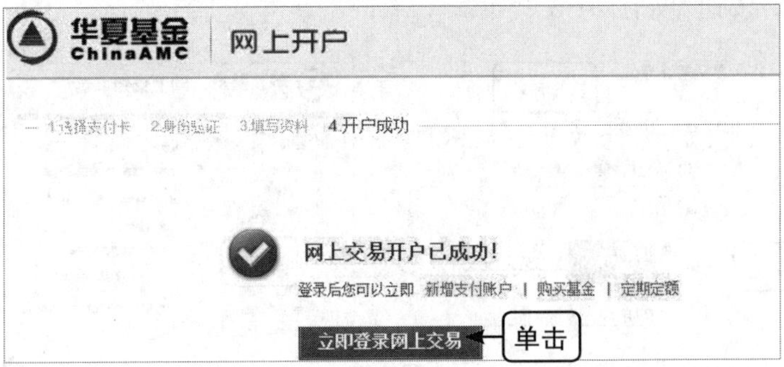

图 7-4

在开立基金账户时，我们需要注意，一般一个基金公司对应一个账号，投资者的一个身份证号在同一家基金公司只能开立一个基金账户。如果已经购买过该基金公司的基金，只需要直接登录账户就可以；如果没有购买过，才申请开户。

7.1.5　购买一只基金

当我们进行了基金账户开立之后，并对某只基金有了详细了解后，就可以进行购买，即专业术语所说的申购。

首先，登录官网，对某只基金进行了解，单击"购物车"按钮，进行申购操作，如图 7-5 所示。

图 7-5

紧接着，我们需要登录相应的账号，如身份证、账号和交易密码等，输入完成以后，单击"登录"按钮，此时将进入网上交易页面，单击"认/申购"按钮，如图 7-6 所示。

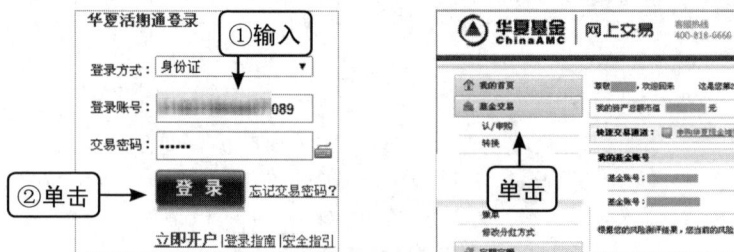

图 7-6

在出现的页面中，选择自己将要购买的基金，单击"申购"超链接，如图 7-7 所示。

000031	华夏复兴股票	股票型	1.0990	正常	高风险	申购
160311	华夏蓝筹混合（LOF）	股票型	0.7400	正常		申购
519029	华夏稳增混合	股票型	1.2910	正常	较高风险	申购
002021	华夏回报二号混合	股票型	1.0620	正常	较高风险	申购
288102	中信稳定双利债券	债券型	1.0285	正常	较低风险	申购
159902	华夏中小板ETF	ETF	2.1690	正常	高风险	申购
288002	华夏收入股票	股票型	2.3040	正常	高风险	申购
288101	中信现金优势货币	货币型	1.0000	正常	较低风险	申购

图 7-7

紧接着我们就需要对于相关基金信息进行确认，确认无误后，单击"下一步"操作按钮，如图 7-8 所示。

图 7-8

此时系统将再次提醒，对申请的信息进行确认。此时，可单击"去网上银行支付"按钮，如图 7-9 所示。支付步骤就如购物一样，这里不做详细地讲解。

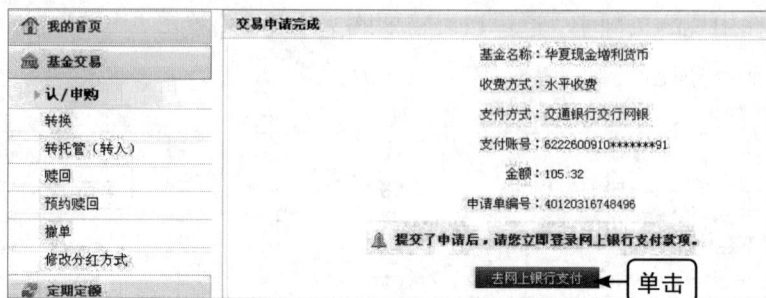

图 7-9

　　至此，基金申购就基本完成了。当我们持有基金到一定的阶段，我们就需要进行赎回。赎回的操作与申购大同小异，这里不做详细讲解。

7.2
债券不再是老年人的专属

　　我们常常有个误解，觉得购买债券是老年人的事儿，就好像广场舞都只适合大妈一样。对于理财者来说，债券不分对象，只分投资品种而已。对于年轻人来说，同样有适合的债券，关键是看用户购买哪一种。

7.2.1 上班族适合投资哪种债券

　　上班族适合购买哪种债券呢？首先你得了解债券是什么，有哪些投资品种。

　　债券是政府、企业和银行等债务人为筹集资金，按照法定程序发行并向债权人承诺于指定日期还本付息的有价证券。而在我们国家常见的就是国债，保本稳息。

债券根据不同的划分方式，具有不同的债券品种，一般可以从如下几方面去划分。

◆ **发行主体**：政府债券、金融债券和企业债券。

◆ **记名与否**：记名债券、不记名债券。

◆ **利息支付**：单利债券、复利债券和累进利率债券。

◆ **债券形态**：实物债券、记账式债券和凭证式债券。

◆ **上市与否**：非上市债券、上市债券。

◆ **能否转换**：可转换债券、不可转换债券。

◆ **能否提前偿还**：可赎回债券、不可赎回债券。

◆ **担保财产**：抵押债券、信用债券。

一般除了如上的投资品种，在债券市场还因此衍生出一系列的债券衍生品种。对于上班族来说，希望风险偏低的可选择购买政府债券；对于风险适中的可选择金融债券、企业债券以及可转换债券、可赎回的债券；对于风险偏好者，可选择如抵押债券、信用债券和上市债券等。

7.2.2 债券投资的基本流程

当我们对于债券品种有一定的了解之后，接下来就需要对于债券的购买进行简单的了解。一般债券的购买分为场内交易市场和场外交易市场两部分。

一般场内交易也称交易所交易，交易程序都要经证券交易所立法规定。其具体步骤明确而严格，其交易程序一般包括开户、委托、成交、清算与交割和过户五大程序。

场外交易指的就是在证券交易所以外的证券公司的各种柜台进行的债券交易，一般可分为自营买卖和代理买卖两种。

自营买卖的程序相对简单，就是投资者作为买卖的一方，而各种证券公司作为交易的另一方，交易的价格根据证券公司自己的挂牌价格交易。

代理买卖严格说就是证券公司仅作为一种中介，只代理买卖，而不直接参与交易。而对于成交的价格，是由买卖双方分别在交易所挂牌确定。

对于场内交易的五大程序，具体介绍如下。

表 7-2　债券交易五大程序

交易程序	描述
开户	只反映一项经济业务，或者同时反映若干项同类性质的经济业务，其填制手续是一次完成的会计凭证。首先，与证券公司订立开户合同；其次，开立账户。在开户时，投资者可选择开立现金账户和证券账户。现金账户是用来买入债券，支付债券费用的账户；而证券账户用来交割债券
委托	当投资者确定买入或卖出时，首先得与各大证券公司办理相应的委托关系。这是一般投资者进入证券交易所的必经程序，也是债券交易的必经程序。办理委托时，需要准备一定的材料以及经历一定的程序，才能完成交易
成交	在证券所内的交易，无论是买方还是卖方都遵循竞争的原则，一般证券公司会遵循"三先"原则，具体指价格、时间和委托优先
清算与交割	当竞价完成后，买方需要支付现金，而卖方则需要交出债券。一般对同一家证券公司在同一日对同一种债券买卖相互抵消，就称为债券清算。卖方将债券交给买方，买方将价款支付给卖方的过程，称为交割

续上表

交易程序	描述
过户	过户是将债券的所有权由卖方转移到买方，同时买方向卖方支付一定现金的等价交换。在办理交割手续时，买卖双方需要携带一定的资料，到证券公司的过户机构进行过户。卖方需要提供过户通知书并盖章，而买方需要提供印章卡并盖章。过户时，卖方的证券账户余额减少，现金账户余额增加；买方的现金账户余额减少，证券账户余额增加，双方都实现账户的余额平衡

场外交易程序与场内交易程序存在一定的区别，场外交程序主要包括自营买卖交易程序和代理买卖交易程序两种。

自营买卖的交易程序，简单介绍如下。

◆ **填写申请单**：债券的买入或卖出者需要根据证券公司的挂牌价格，填写相应的申请单。申请单上载明债券的种类、买入数量和卖出数量。

◆ **开出成交单**：证券公司按照买入、卖出者申请的债券种类和数量，根据挂牌价格开出成交单。成交单的内容包括交易日期、成交债券名称、单价、数量、总金额、票面金额、客户的姓名与地址、证券公司的名称与地址、经办人姓名和业务公章等，必要时还要登记卖出者的身份证号。

◆ **交易完成**：债券公司根据买卖双方的交易，向双方交付债券或现金，从而完成债券交易。

代理买卖的交易程序，简单介绍如下。

◆ **填写委托书**：委托人需要填写委托人姓名、地址、委托买卖的债券数量、价格、委托日期以及期限，被委托方需要交付相应的身份证明。

◆ **交纳委托书**：由委托人将填写好的委托书交给证券公司。其中

买方需要交纳一定的保证金，卖方交出相应的债券，证券公司
开具临时票据。

◆ **挂牌**：证券公司根据委托书的相关要素，为买卖双方挂牌。

◆ **交易原则**：买卖双方为一对一的交易，双方可对于交易进行商
讨成交。如果买卖双方为多对多，需要遵循相应的"三先"原
则成交，即价格优先、时间优先和委托优先。

◆ **填写成交单**：成交单一般由证券公司填写，具体包括如成交日
期、买卖双方姓名、地址、交易机构名称、经办人姓名和业务
公章等。

◆ **交易完成**：买卖双方分别交出价款和债券，债券公司收回临时
票据以及代理费，为双方办理清算交割，从而完成交易。

无论是选择场外交易还是场内交易，都具有可行性。但对于理财
者来说，特别是新手来说，一般选择场外交易更多，如在一些证券公
司的官网或柜台进行购买。

选择场外交易时，证券公司在其中扮演着重要的角色。那么选择
一个优质的证券公司就相对重要，特别是对于买卖金额较大的投资者
来说。对证券公司的选择，一般可以从它的资金实力、信誉、收费和
地理位置等方面着手考虑。

7.2.3 如何在网上银行买卖债券

网银可以买包包、买鞋子，同样可以买卖债券，如何操作呢？

首先，进入工行官网，单击"个人网上银行登录"按钮，此时将
出现如7-10左图所示的页面。

然后在7-10右图页面输入个人账号、登录密码以及验证码等，当

输入完成后，再单击"登录"按钮，进入下一步操作。

图 7-10

在紧接着的页面中单击"网上国债"超链接，进行国债的选择。此时将会出现网上国债窗口，单击"购买国债"选项，就可以对购买记账式、储蓄式凭证式和电子式等国债做出选择，如选择"记账式国债"选项，如图 7-11 所示。

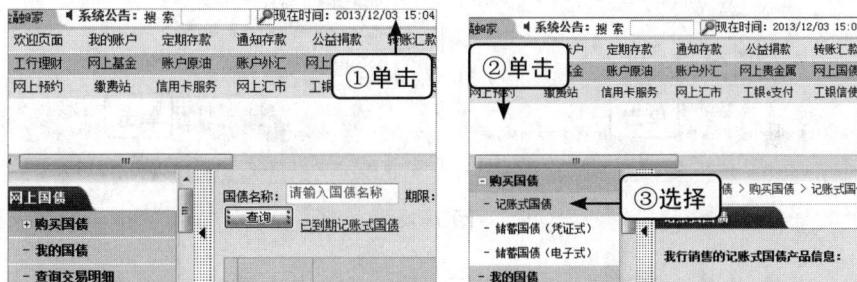

图 7-11

此时将进入记账式国债页面，在记账式国债的窗口输入国债名称、期限以及到期年限等，然后单击"查询"按钮。

此时将出现产品明细，即债券名称、债券期限、年利率和买入价等，如图 7-12 所示，单击"购买"超链接，进入下一步操作。

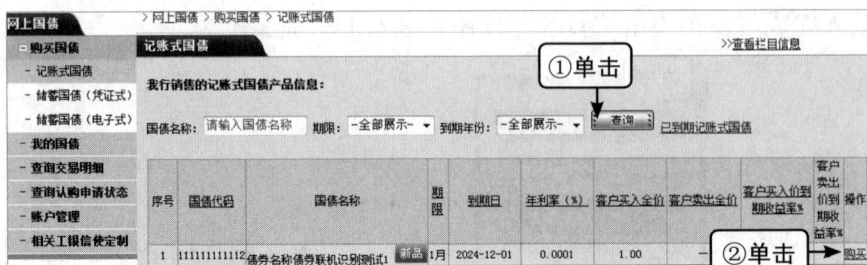

图 7-12

此时进入如图 7-13 所示的页面，要求投资者先开户，单击"开户"按钮，对新开立的账户进行确认，当所有选项都确认无误后，就可单击"确认"按钮，进入下一步操作。

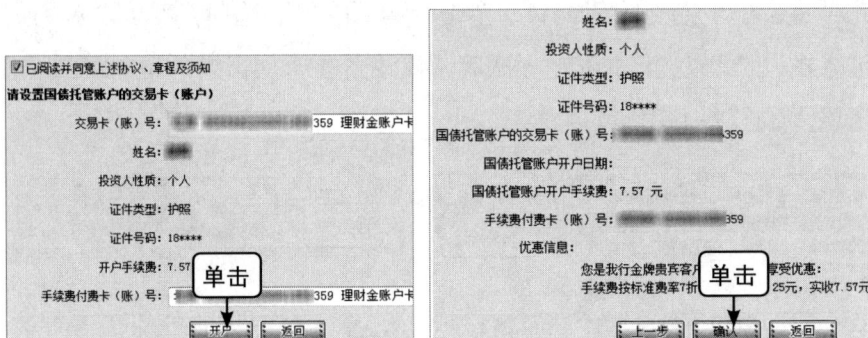

图 7-13

在接下来的页面中，投资者可单击"继续购买"按钮，进行下一步的购买操作，如图 7-14 所示。

图 7-14

在该页面中将出现该债券的详情明细，包括债券名称、账户余额、发行日期、发行价和交易卡账号等，此时只需要投资者输入购买的总额，输入完成后，再单击"提交"按钮，在打开的界面中单击"确定"按钮，如图 7-15 所示。

图 7-15

当完成上一步骤后，此时系统会自动提示，交易成功与否，如图 7-16 所示，它还会提示买卖债券的名称、价值以及最近购买该债券而给予的一些商品奖励，如抽奖的奖励。

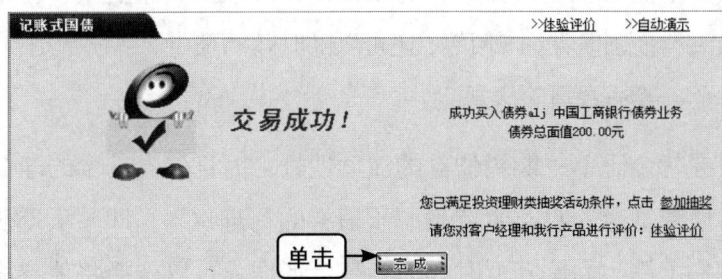

图 7-16

至此为止，通过网银购买债券的步骤就已经完成。在银行存取款后，一般我们会对交易以及余额进行查询。网上买卖债券也一样，可以在网上买入后，也可以在购买一段时间，或者在卖出后，查询相关的交易明细。查询相对简单，步骤与此类似，在这里不做详细地讲解。

债券不仅可以买入还可以卖出，卖出债券的步骤与买入大同小异，甚至更简单。这里不做重复叙述，理财者可自己实践操作。

7.2.4 上班一族巧用债券赚钱

债券对于上班族来说，也是增加收入的来源之一。然而买哪些品种，注意事项有哪些，有没有小窍门，都是需要思考的问题。对于上班族来说，一般可以选择购买债券基金、国债和可转债等。当然同时还可以考虑是购买单一债券，还是组合债券，简单介绍如下。

（1）债券基金

债券基金是一种组合投资，收益稳妥。债券基金会将80%以上的基金资产投资于国债、公司债和企业债等。如果全部投资于债券则为纯债券基金，如果少部分投资于股票，则为债券型基金。

债券基金实现了投资品种的多样化，可以买卖企业债，在银行债券市场买卖金融债券、国债等，还可以随时赎回债券，手续费用也较低。债券基金一般适合风险厌恶者。

债券基金比单一购买债券的流动性好，而且债券基金的净值波动较小。债券基金的收益主要来源于债券的利息收入，即买卖差价。当债券价格上涨、利率降低时，债券基金经理人可以选择将债券卖掉，赚取差价；反之则采取相反的方式。相比股票基金，债券基金风险较低，收益稳定。

债券基金同样具有风险，一般表现为利率风险。当基金净值低于买入时，那么投资者就会受到损失。

债券基金一般适合怎样的家庭呢？简单举例如下。

刘先生今年 26 岁，大学毕业后在一家金融公司工作，现在每月收入近 6 000 元。妻子在一家公司做文职的工作，每月收入 4 000 元。单位都为他们购买社保，每月需要还贷 2 560 元，家庭开销近 5 000 元，定存 1 000 元，定投基金 1 000 元。

如上述案例所示，对于一般年轻的家庭，花费较多，积蓄不多，家庭经不起较大的风险。于是选择银行存款、货币型基金、债券基金或债券就比较合适。

（2）国债

我们知道一般根据发行主体，可以将债券分为政府债券、金融债券和企业债券等。

政府债券是国家向广大投资者借债的一种行为，它是向投资者借贷同时承诺到期还本付息的一种债务凭证。根据发行的主体，政府债券还可以分为国债和地方债。

国债是一种有价证券，本质是国家的宏观调控。安全性在所有债券中信用级别最高，流通性也较强，而且收益相对稳定，一般还具有免税的特点。

国债的交易程序与其他债券一样，也会经历开户、委托、成交、清算交割和过户这五大程序。在交易之前，理财者首先得具有一个账户。当然，如果在银行平台购买则可以通过银行直接开立相关账户。理财者可以通过相关的平台查询交易情况，如银行官网、柜台、证券公司网络平台或柜台等。一般认为 T+1 日为过户日。

当买卖国债时，同样遵循价格优先、时间优先的原则，而且

1 手 ≤ 交易额 ≤ 1 万手。一般 1 000 元面值为一手，以 100 元的面值进行报价。交易时间遵循交易所的时间规定，一般为上午 9:30—11:30，下午 13:00—15:00。

国债交易实现竞价交易，如常见的集合竞价和连续竞价。一般情况下集合竞价的时间在上午 9:15—9:25；连续竞价时间为上午 9:30—11:30 和下午 13:30—15:00。一般认为当日成交的第一笔成交价为开盘价；最后一笔交易前一分钟所有交易的成交量的加权平均价，包括最后一笔交易为收盘价；如果当日无成交价，则以前一日的收盘价为当日收盘价。当然我们可以通过一些平台查询相应的开盘价格。

如图 7-17 所示，首先，登录东方财富网，单击"债券"超链接，进入国债查询页面。

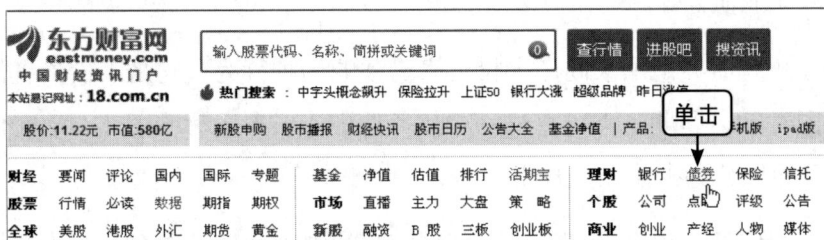

图 7-17

在出现的国债页面中，任选一种国债进行查询，单击简称为"15国债 28"的超链接，查询该款国债，如图 7-18 所示。

代码	名称	最新价	涨跌	涨跌幅	成交金额	成交量(手)	开盘	最高	最低
019528	15国债28	93.85	0.20	0.21%	7.23万	77	93.99	93.99	93.75
019548	16国债20	96.59	0.20	0.21%	1.06万	11	96.59	96.59	96.59
019311	13国债11	99.60	0.18	0.18%	7.27万	73	99.79	99.79	99.32
019537	16国债09	99.90	0.15	0.15%	663万	6637	99.90	99.99	99.90
018005	国开1701	100.59	0.15	0.15%	1.96亿	19.6万	100.41	100.60	100.40
010303	03国债(3)	99.16	0.12	0.12%	5228万	5.27万	99.11	99.22	99.05
018006	国开1702	100.29	0.12	0.12%	1.68亿	16.8万	100.12	100.34	100.12

图 7-18

此时就将出现该款国债的详细页面，如今日开盘价、最高价、最低价、成交量、成交额和买入卖出价等，当然在该页面我们还将看到价格均线，如图 7-19 所示。

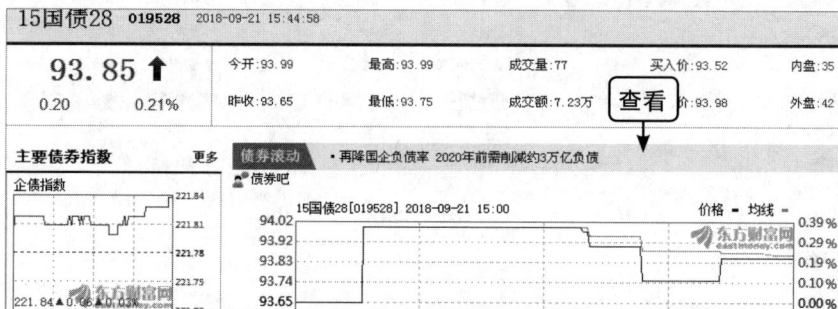

图 7-19

将该页面往下面滚动，我们还将看到关于该债券的 K 线图，包括日、周和月的 K 线图，我们可以选择自己感兴趣的进行了解，如选择日 K 线图，如图 7-20 所示。

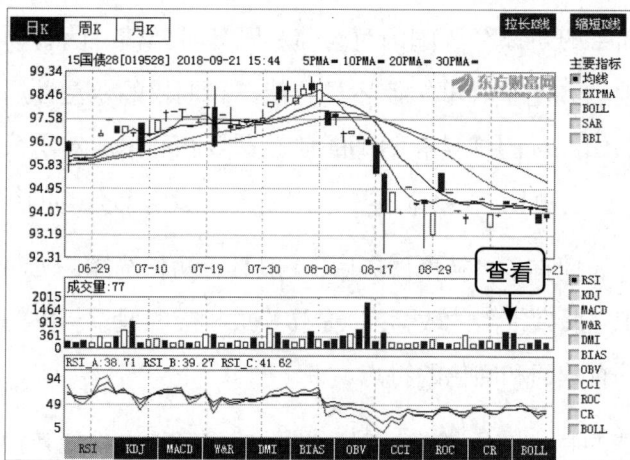

图 7-20

此外，我们还可以看到出现在该页面的关于该债券的详细资料，如名称、发行量、期限、起止日期、币种、简称、发行价、票面利率、债券代码、交易所和付息日等。具体如图 7-21 所示。

基本资料					
债券全称	2015年记账式附息(二十八期)国债	债券简称	15国债28	债券代码	019528
发行量	260亿元	发行价	100元	计息方式	固定利率
期限	50年	发行票面利率	3.89%	交易市场	上海证券交易所
起息日期	2015-11-23	到期日期	2065-11-23	发行起始日	2015-11-20
上市日期	2015-11-27	发行单位	中华人民共和国财政部	付息方式	周期性付息
币种	人民币	剩余期限	17228天	每年付息日	11-23,05-23

图 7-21

（3）可转债

可转债是可转换债券的简称，是指在一定的条件下，持有人可以将债券转换成公司的股票。当理财者购买该债券后，理财者就为公司的债权人，一旦进行相应的转换，那么就变成了某公司的股东。可转债，简单说来就是理财者实现从债市到股市。

可转债一般可以分为国内可转债和国外可转债。两者的最大区别是流通的地点和比重。可转债还具有债券和期权的双重性质，它的收益是固定的，并且同样具有明确的债券期限和利息。对于公司来说，转换前是公司的负债，转换后是公司的股东，要参与公司的红利分配。

当持有人拥有了可转换债券后，一般具有两种选择，一是持有到期，可以获得相应股票上涨的收益；二是转换成相应的股票。不管是哪一种，可转债都具有赎回和回售的特点。

可转债的特点在于转换，然而并不是任何时候都能转换，它需要满足一定的条件。

◆ 公司具有公开发行债券的能力。
◆ 公司具有公开发行股票的能力。

◆ 公司具有一定的经济实力。

一般在转换前还需要对于转换的价格、比率、股票内容和开始转换期间等进行约定或说明。

对于理财者来说，一般当股市看涨时，可以进行转股，从而获得股市上涨带来的盈利；当股市看低时，可以维持原状，只收取固定利息，持有到期，等公司偿还本金。一般来说，可转债的当期收益会高于一般的红利。而且可转债相对于股票来说，具有优先偿还的权利，但是低于其他的公司债券。

可转债是公司为了筹集资金而发行，是否实现转债，需要理财者根据家庭需要考虑。

7.2.5 债券回购与债券逆回购

根据中国央行 2018 年 9 月 21 日公告称，考虑到月末财政支出、中央国库现金管理操作可对冲政府债券发行缴款以及央行逆回购到期等因素的影响，为维护银行体系流动性合理充裕，今日央行不开展逆回购操作。那么，什么是债券的回购与逆回购呢？简单介绍如下。

（1）债券回购

当在债券交易时，交易双方通过契约的方式约定在将来的某一日期以约定的价格，由债券的卖方向买方再次回购该笔债券，这样的交易行为就是债券的回购。一般认为凡是抵押出债券，借入资金的交易就称为债券正回购。

简单理解就是如果 A 先生拥有一笔债券，现在需要一笔资金做短期的运转，但是又不想卖掉该债券，于是就采取抵押的方式，以较低的利率实现融资。此时，如果 B 先生有一笔闲置资金，可以在债券市场以高于银行存款利息的方式得到抵押权，获得相应的利息收益。

债券的回购，一般分为以券融资和以资融券，简单说就是债券的回购与逆回购的过程。如 C 先生选择了某国债的 1 天国债回购，那么交易所的交易系统将在 1 日后，从 C 先生的账户里划出本金和 1 天的利息，实现债券的回购。这就是以券融资，而以资融券与此相反。

在交易时，我们要注意交易单位的相关情况，首先是上交所对于回购交易中委托买卖的相关规定，简单说明如下。

◆ 单位为手，其中 1 手 = 1 000 元标准券。
◆ 申报价格最小变动单位为 0.005 元或其整数倍。
◆ 申报数量为 100 手或其整数倍，单笔申报不能超过 1 万手。
◆ 根据相关的规定确定申报价格。
◆ 其他。

而深交所对于相关规定如下。

◆ 单位为张，其中 1 张 = 100 元标准券。
◆ 申报价格最小变动单位为 0.01 元或其整数倍。
◆ 申报数量为 10 张或其整数倍，单笔申报不能超过 10 万张。
◆ 根据相关的规定确定申报价格。
◆ 其他。

其中，在债券回购中，收益具有一定的公式，即收益 = 成交额 × 年收益率 × 回购天数 ÷360 天。任何的投资都有风险，而债券回购的风险主要在于违约风险和操作风险。

（2）债券逆回购

债券逆回购是中国人民银行向一级交易商购买国债、政府债券和企业债券，并约定在未来的某一日期将手中的有价证券卖给一级交易商的一种交易行为。

在该交易中存在相应的计算公式为：收益＝成交额 × 年收益率 × 回购天数 ÷365 天。在交易时要注意，回购交易一般是一次交易两次结算。通过逆回购借出资金后，到了约定日期，资金将返回到你的账户。但是账户此时不能进行买卖操作，如常见的一日回购，资金会在 T+1 日晚上返回到账户。即使 T 日晚上资金就显示可用，此时可用不可取，可以转入银行账户，但是不能买卖债券。

7.2.6 债券投资三大技巧

任何投资都具有一定的技巧，债券投资亦如此。但是在谈论技巧之前，用户首先应该明确债券投资，用户需要付出成本才能得到的回报。

债券的成本一般包括购买、交易和税收等 3 方面的成本。其计算公式为：成本 = 购买数量 × 发行价格；如果债券是贴息的，计算公式为：成本 = 票面金额 ×（1− 年贴现率）。

而债券的交易成本主要是交易手续费、过户手续费和签证手续费等。

债券的税收成本主要在于购买企业债券，一般证券交易所会在每笔交易完成后，清算资金账户时选择代扣。当然，如果购买国债、地方政府债券及金融债券则免税。

债券的收益，一般存在 3 种收益，即直接收益、到期收益和持有期收益。其中直接受益率 = 年利息 ÷ 市场价格；而到期收益率，计算相对复杂，一般需要根据价格、利率和偿还期等求出到期收益率。

持有期收益率计算公式为：i=（P2−P1+I）÷P1，其中 i 为持有期间的收益利率，P2 为卖出债券的价格，P1 为购入时的价格，I 为持有期间，计算相对复杂。此时用户可以借助相关软件，如登录前面所说的东方财富网，然后在债券里找到债券计算器，单击"债券持有期收益率计算器"超链接，进入下一步操作，如图 7-22 所示。

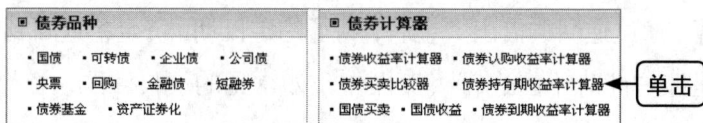

图 7-22

此时，在出现的页面中输入相关信息，如债券种类、面额、付息利率、到期日、买入日期、买入价格和卖出价格等，输入完成后单击"计算"按钮，得到相应的计算结果，如图 7-23 所示。

图 7-23

债券投资的小技巧一般可以从三大方面进行总结：资金安全、投资增值和稳定收益 3 方面去考虑，下面我们将对其进行简单地讲解。

◆ 资金安全

资金安全主要体现在对于投资本金的安全保障。作为理财者，用户首先要保障债权投资以后本金能收回，同时尽量减少受通货膨胀率影响的品种。

◆ 投资增值

投资增值的重要体现在与获取投资收益。一般有长期投资和短期投资两种，其重点都在于获得买卖差价收益，此外还有一部分股息。准确地分析判断股价变化，及时买卖，获得最大差价收益。

◆ 稳定收益

高收益高风险。在债券投资中，用户想获得很高的收益是不可能的。在债券投资中，获得稳定的利息收入和股息收入才是根本。

从选择对象来看，特别是选择公司债券，一般可选择一些经济效益好的公司，如工商企业、房地产业、金融业和酒店业等行业。投资回报较高且投资收益也很可观。

简单的小技巧仅供参考。随着市场的不断变化，我们的投资策略也应该及时的调整。

7.3
上班族进行基金与债券投资须掌握的技巧

不管是债券还是基金，基本的常识、市场风险、看盘软件、投资心理和投资技巧必不可少，那么作为上班族该如何去做呢？

7.3.1 慎重选择，谨慎入市

投资有风险，入市需谨慎。不管是投资债券还是基金，市场分析必不可少。这里以债券为例进行讲解。

对于债券，重点在于风险这一块，风险就意味着我们的本金和收益将受到一定程度的影响。虽然与股票相比，债券的利率固定，但是利率固定仍然存在一定的风险，特别是购买公司债券和可转换债券。风险可以从如下几方面去了解。

- ◆ **利率风险**：一般债券的利率与债券价格成反比，我们可以选择长短期债券组合购买，分散风险。

- ◆ **变现能力的风险**：变现能力是考虑购买债券的因素之一，如果手中持有的债券无法很好地实现转换，那么对于投资者本身的变现是不利的。

- ◆ **购买力风险**：债券的收益主要在于买卖差价收益，因此一旦受到通货膨胀率影响，手中持有的债券就具有很大的风险了。

- ◆ **违约风险**：违约风险简单来说是发行主体到期不能支付给投资者本利息。对于公司债券会出现此种情况，而国债不存在违约风险。

- ◆ **再投资风险**：再投资主要表现在通过手中的债券收益再次投资而带来的风险。

- ◆ **经营风险**：一般指发行主体的管理者在经营管理中由于决策失误，导致自身资产减少，而给投资者带来一定的利益损失。建议投资者在购买前一定要对公司或企业的盈利、偿债和信誉等有所了解。

◆ **投资有风险**：对于风险提前预测与评估，并做好相应的风险应急方案，是投资中很重要的事。不仅适合股票投资，债券投资也一样。

7.3.2 学会使用看盘软件

我们知道股票有它的看盘软件，债券与基金同样如此。不过对于基金来说，更适合的是一些分析较为全面的财经门户网站，比如新浪财经。登录新浪财经官网，单击"基金"超链接，进入基金行情页面进行了解，如图 7-24 所示。

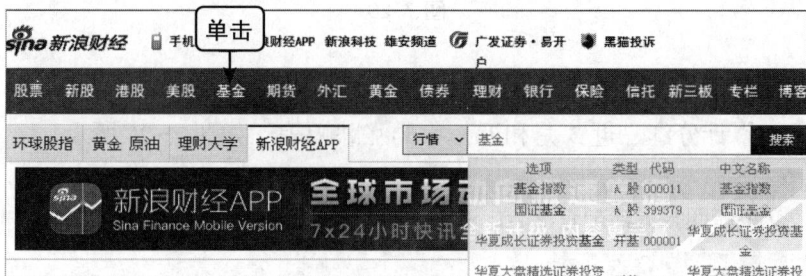

图 7-24

在紧接着的页面中单击"基金排行榜"按钮，对于基金行情进行基本的了解，如图 7-25 所示。

图 7-25

此时，该页面将出现按照名称、单位净值、累计净值和上涨利率等要素进行前后排列的排行榜，选择"519760"选项查看明细，如图7-26所示。

序号	基金代码	基金名称	单位净值	累计净值	近三个月 (%)	近六个月 (%)	近一年 (%)	今年以来(%)	成立以来(%)	关注	基金
1	519760	交银新回报灵活配置混合C	3.9820	4.0020	0.3275	253.3270	271.1090	258.7390	298.0620		
2	003106	光大保德信永鑫混合C	3.3940	3.3940	214.5510	214.8420	228.2400	218.3860	239.4000		
3	003105	鑫混合A	3.3970	3.3970	213.9560	214.5370	228.2130	218.0710	239.7000		
4	004400	金信民兴债券A	1.9438	1.9538	-0.1900	99.5737	95.9680	101.8310	96.3207		
5	550016	信诚至远混合C	1.3924	1.3924	-1.2062	-6.1156	36.4296	34.4015	39.2400		
6	320021	诺安双利债券发起式	1.8250	1.8250	9.9398	23.2275	27.8907	27.6224	82.5000		
7	160723	嘉实原油 (QDII-LOF-FOF)	1.3906	1.3906	14.2740	24.3717	44.4479	26.2231	39.0600		
8	161129	易原油 (QDII-LOF-FOF)A	1.3285	1.3285	14.9122	24.8238	46.6012	26.0078	32.8500		

图 7-26

此时将出现关于该基金的详细信息，如成立日期、最新规模、管理人、累计分红、近3月和近一年的涨跌幅等，如图7-27所示。

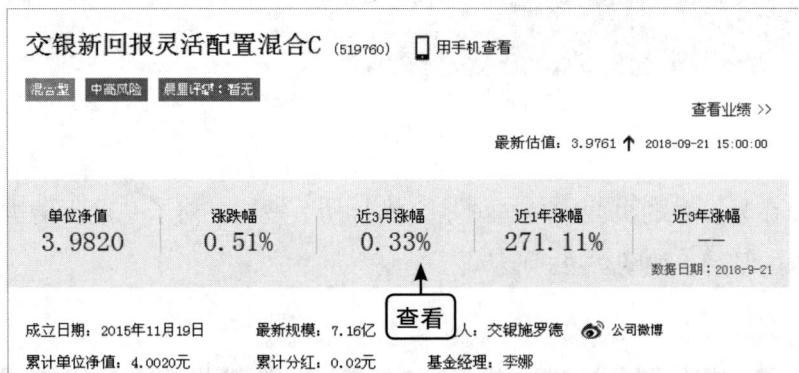

图 7-27

此外我们还可以在该页面查看关于该基金的基本信息、历史净值、公告、费率、分红和理财师等信息，甚至还有该基金的K线图，如图7-28所示，在2018年9月21日14:00，该基金的占跌幅为0.24%。

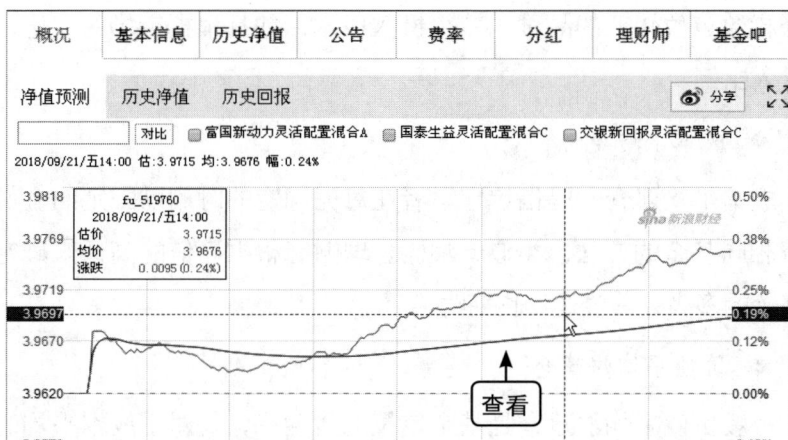

图 7-28

除了如上的清晰查看方法，关于基金的信息可查看的数据更多，这里不做详细地讲述，理财者可根据自己的需要筛选了解。

7.3.3 上班族适合的建仓技巧

在股市里，我们知道有建仓这个词，在债券和基金市场同样如此。股市建仓在上一个章节已经提到，这里我们将对于基金建仓进行简单总结，具体如下。

首先，我们得了解什么是基金建仓。基金建仓是指一只新基金公告发行后，在认购结束的封闭期间，基金公司用该基金第一次购买股票或者投资债券等的行为。对于个体投资者而言，建仓一般指第一次购买基金。那么该怎么建仓才好呢？一般可以从如下 4 个方面去总结。

◆ 定额定点建仓

定额定点建仓一般指大盘在一定的点位以等额的资金分批次地申购指数型基金的方法。此时需要注意控制好仓位。如果是新手，可以选择指数点位较低的品种，减少投入成本，并且根据市场的变化，调整投入比例。

◆ 成本平均建仓

成本平均建仓一般指定理财者在每月固定的时间以固定的金额去投资相同基金的方法，类似于加码。理财者根据净值的高低来确定买入基金的多少，一般建议长期购买。

◆ 价值平均法建仓

一般价值平均法建仓是基金定投的衍生品，是对于成本平均的改进。理财者每次投入的资金和市场价格成反比，当市场低迷时增加基金投入，反之则反向操作。

◆ 金字塔法建仓

金字塔法建仓一般指的是理财者将自己账户资金根据大小分成若干份，并按照从大到小的顺序排列，再分批次地投入到基金当中。如李先生将自己账户资金2.5万元进行申购，当市场行情大于预期时，他不能追加而是将该基金赎回；如果行情和他的预期差不多，他可以1.75万元再买入基金。如此反复，不断买入，最终实现建仓。

当使用金字塔法建仓时需要注意，可以用最多的一份资金最早投入到基金中。如果行情判断准确，则可以充分享受行情上涨带来的收益。一旦行情判断失误，我们能及时停止投资，减少损失。

7.3.4 善于打心理战

当我们选择理财投资时，一定要理性投资。除了常见的投资技巧，投资心理也很重要。如下一些常见的投资心理一定要注意避免。

◆ **盲目跟风**：盲目跟随身边的朋友购买。特别是在公司债券和一些风险较高的基金上，一定要理智。

◆ **过于求稳**：过度的追求保本稳利，对于成本和收益不能很好地平衡。特别是在可转债时，不进行转换。

◆ **高估自己的投资能力**：对于新手来说，由于投资经验和市场行情的缺乏，一定不能不管市场时机，盲目操作。一部分理财者还高估自己的投资能力。

◆ **守株待兔**：看见其他的亲朋好友都购买并且获得了较好的收益，于是购买他们购买过的品种。结果最后不一定盈利，甚至可能出现亏本。

◆ **用固有的模式套用自己的投资**：新手投资者还好，因为没有固有的模式，不会被套用。但是也忌讳用比如炒股的模式来套用债券等，这是不适合的。

◆ **贪婪与恐慌**：高利润高风险，切忌过分贪婪。该收手就要收手，要克制贪婪的心理，不要一味杀跌。当然如遇股市低迷，债券市场却正是投资良机，也不要恐慌，错过投资时机。

有句话说低级投资玩产品，高级投资玩心理，基金债券投资也如此。如果你已准备好，那么你就可以行动。

7.3.5 组合投资风险最小

前面的章节我们有说到实现债券和基金的组合投资，如债券基金和货币基金等。当我们选择基金时，同样可以实现基金的组合投资，降低购买基金的投资风险。基金组合是以基金为投资主体，通过把握大类的资产配置的机会，筛选出优秀的基金组合，并根据市场行情不断地优化组合，最大限度地降低投资风险，获得投资收益，如图 7-29 所示。

图 7-29

如我们选择债券型基金、货币基金和股票基金的组合投资时，一定要确定一个核心基金。核心基金是整个资金投资的 60% ~ 80%，它可以是某一行业的基金，并且该基金长期以来业绩稳定且特点鲜明。

当然核心基金确定以后，需要注意基金的投资方式和基金数量。可选择一次性投资和定投相结合，从而缓解财务压力，提高资金流动性，并且还可以分散风险。

基金组合一般适合于新手的白领、关注孩子教育的青年家庭和具有一定投资经验的家庭。

第 8 章

08

P2P，最适合上班族的网络理财

对于上班族来说，P2P 不会陌生，那么真正了解 P2P 的有几人？什么是 P2P，P2P 有哪些特点，产品信用等级怎么回事，收益如何计算，哪些平台可以购买，手机购买怎么操作？

P2P 该不该投，怎么投，上班族适合哪些品种，长短组合是怎么回事，投资风险在哪里，常见骗局有哪些？本章将就这些问题进行具体讲解。

走进网络理财 P2P

P2P 是英语 peer-to-peer 的缩写，可以理解为伙伴与伙伴的意思，但现在一般用来指互联网经济。P2P 是通过互联网平台，将单个的个体连接起来，通过相应的平台实现个人与个人的借贷的一种交易行为。

8.1.1 认识 P2P 理财

P2P 的本质是一种网络借贷平台，最早来源于国外，从最早的 N21 到后来的 N2N。现在我们常说的 P2P 理财，一般指的是借贷双方以公司为中介结构，一方借款，一方贷款，借款方可抵押或者不抵押。

一般提供 P2P 平台的公司将从中收取一定的手续费。现在市场的 P2P 理财公司众多，P2P 理财也在国内发展了 10 多年，每年不断有 P2P 理财平台诞生。也有经过政策和行业的洗礼，不合格的 P2P 理财平台不断被淘汰。在网贷市场，有近千家网络平台。

在选择时一定要注意多调查，选择有正规资质、规模较大且信誉较好的公司。现在市场还出现了一种 P2C 模式，是传统 P2P 的延伸和升级，可以帮助小微企业快速融资。

P2P 理财在英美等发达国家发展已相对完善，但是在我国还需要逐步完善。发展至今，由 P2P 的概念已经衍生出了很多模式，一般存在担保机构担保交易、债权合同转让、大型金融集团推出的互联网服务平台和以交易参数为基点，结合 O2O 的综合交易模式。

而我国对于 P2P 的行业规范一般存在通过民间借贷服务中心予以规范、通过信息服务行业协会进行规范和成立 P2P 行业的自律联盟等。虽然市场的确还存在一些不符合规范的情况，但是在国家和行业的努力下，正在逐步走向春天。

P2P 理财对于很多理财者来说有风险，但是也有高收益，前提是遇到靠谱的平台。但是 P2P 到底有哪些特点呢？

8.1.2　P2P 的投资特点

根据相关的数据调查，大多女性都喜欢存钱，一般会将余额的 60%~80% 用于存钱；有一部分则会将 40%~50% 的资金用于基金或者 P2P 这类收益稳定的投资。对于股票等高风险的投资，一般男性比较多。

而作为互联网金融的重要部分，P2P 网贷受到男女的喜欢，一般期限越短越受年轻男女欢迎。 那么对于 P2P，哪些知识是必要了解的呢？如表 8-1 所示。

表 8-1　P2P 小常识

常识内容	描述
起息日	不同的 P2P 平台对于利息的规定不同，有的在投标开始就计息，有的是在标满以后才计息，有的在标满后 1~2 个工作日计息
收益率	任何的投资，收益率都是我们关注的重点，P2P 投资也是。收益率的计算公式为：收益率 =（实际收益 ÷ 本金）× 100%
年化收益率	年化收益率一般指的是根据相应的借款期限和收益的比例进行相应的延长或者缩短以后得到的一种理论收益率
按月付息	按月支付相应利息，并且根据约定的还款日期一次性的还清本金
到期付息	一般根据相应合同约定，一次性的向投资人归还本金并支付利息

续上表

常识内容	描述
等额本息还款	等额本息还款一般指的是在约定的还款期限内，定期的偿还同等数额的本利息。出借人每月收到的本金与利息之和不变，而借款人每月还款额中的本金比重逐月递增、利息比重逐月递减
等额本金还款	款人每月等额偿还本金，贷款利息随本金逐月递减，出借人得到的本金与利息之和逐月递减
风险备用金	风险备用金一般是对于 P2P 借贷平台而言，当 P2P 交易发生时，平台会从借款中提取一定比例的资金，用于借款人逾期不还时，平台给予出借人的损失补偿。一般最多垫付的金额以当期风险保证金的总额为限，不足的部分滚动到下一期。是所有的出借人组成的共同风险备用金，这部分资金一般平台会采取独立的账户进行存放

对于如上的小常识，是我们进入 P2P 市场需要掌握的。除了这些我们还应该对于 P2P 的投资模式具有一定的了解，一般可以分为如图 8-1 所示的几种。

纯线上：该类平台上只是进行纯粹的信息匹配，帮助资金借贷双方实现相应的资金匹配，但是该类模式没有担保。

债权转让：一般在该类平台上，平台先进行放贷，然后转让相关债权，可以更好地提高企业或个人的融资率。

担保本利息：该类平台常被大众接受，是金融市场存在的主流模式，对于借款人和出借人都具有相应的保证，降低了投资风险。

O2O 模式：一般在该类平台上，平台主要负责借贷网站的维护和投资人开发，而借款人由小贷公司或者担保公司进行相应的开发。

P2C 模式：该类模式在 2013 年得到极大地发展，是个人向企业提供借款的一种模式，大大地解决了企业融资难的问题。

混合模式：主要在于 P2P 借贷平台在借款端、产品端和投资端存在的模糊定义，平台通过线上或者线下寻找借款人，实现多种借款模式。

图 8-1

当然具体选择哪一种投资模式，用户需要根据市场的不断变化以及投资经验具体确定。

8.1.3 丰富的平台怎么选择

作为新手，如何选择一个正规的 P2P 网络平台，如何放心地进行投资？随着爆雷平台的出现，国家政策也相应地进行整改，保障投资者的利益。但是，投资平台的选择仍然很重要。

在近年，很多平台爆雷，如钱宝、联璧、小宝、小牛和唐小僧等，这就要求我们对于平台的选择要慎重，那么该如何选呢？

一般用户可以从如图 8-2 所示的几面去选择一些靠谱的投资平台，尽量地避开雷区。

有实力的平台：一般可以从企业的背景、规模、经营时间、注册资本和口碑等多方面去考虑。

资金是否为银行存管的平台：将资金存到银行的平台是否就绝对安全呢？不是，但是可以在极大的程度上避免平台自融和资金池，预防跑路。

警惕高收益的平台：不同的 P2P 平台的收益各不相同，有高有低。不能一味地追求高收益，毕竟高收益伴随高风险。

平台的风控系统：风控是任何投资都需要重点了解的，P2P 更是如此。看平台对于风控系统的投入程度，可以看出平台的风险应对能力。

小心虚拟标的：如果一个平台上，推出很多种超短标，那么理财者应该注意，因为大量的超短标表明该平台想圈钱跑路。

避开自融平台：企业通过 P2P 平台，分拆多个标的，从而实现对于资金的干预。一般可以从标的、借款人信息和平台实体产业等方面去判断。

图 8-2

当然，P2P 平台是否可靠，如上几点只能作为参考。用户需要了解的要素更多，比如产品的信用等级。

8.1.4 平台信用等级

P2P 平台信用等级怎么看？可信度有多高？信用等级代表了平台的一种信用资质，一般平台的信用等级越高，越是能得到投资者的信任。一般常见的信用等级有 AAA、AA、A、B、C 和 D 等，并且每个等级代表了不同的安全等级。

在了解平台的信用等级时用户要注意，有些平台企业为了吸引投资者可能存在对于某一标的评级打得很高，对于其他的标的打得很低的情况，这样对于投资者本身来说是有很大风险的。因为你对于标的本身、实际利率水平和项目存在的问题都不能很好地了解，会损害投资收益并且带来投资风险。

对于平台的信用评级，用户需要简单地了解，介绍如下。

◆ **表明经营主体**：在平台网站需要表明如"关于我们"或者在相应的栏目中表明，某某网站属于某公司或者为某公司运营。当然，有的平台还可以看到有公司的营业执照信息，并且明确表明经营主体与 ICP 备案主体一致，并且在更改前不做相应的评级。

◆ **信息属实**：对于平台出现的风投，需要具有公开的可供查询的工商股权登记。如果不能展示，则需要注明是否未办理相关的工商登记，并且删除相关的说明。如果展示的信息延误，在提供相应的有效信息后，可申请变更评级。

◆ **不予评级与暂不予评级**：不予评级是绝对事由，即造成不予评级的事由只要存在就不会对其进行评级。且在造成不予评级的事由终止六个月之后方可进行调整评级；暂不予评级是临时事由，依据当前信息无法有效评级或基于某些原因需待更长期的进一步观察或还没有有效的评级方案。

对于现在的大多数 P2P 平台来说，基本是实现了信息公开，并且对于各个 P2P 平台的交易、费用和风控等信息进行披露。但大部分 P2P 平台的财务数据是未公开的，这对于平台的信用评级来说是不准确的。所以，选择某一家 P2P 平台不能完全依赖相应的信用等级，同时对于上面的几点，仅可作为参考，投资者不能以此作为依据进行相应投资。

8.1.5 注册 P2P 账户

在监管的不断加强下，市场逐渐净化。种种迹象表明行业已开始回暖。

但投资人在选择 P2P 投资方面，仍然需要考虑安全系数高的优质平台。例如，陆金服、人人贷、大麦理财以及拍拍贷等平台在业内口碑不错且安全性高。

其中的大麦理财，目前主要有 3 种注册方式，在这里以 PC 端的注册为例，简单说明如下。

首先，用户需要登录大麦理财的官网，然后在首页单击"注册"按钮，进行下一步操作，如图 8-3 所示。

图 8-3

在接下来出现的页面，需要填写相关的信息，如手机号、登录密码等，输入完成后单击"注册领 688 元红包"按钮即可完成注册，如 8-4 左图所示。

然后，用户可以回到首页，对于该网络平台进行详细的了解，如 8-4 右图所示。

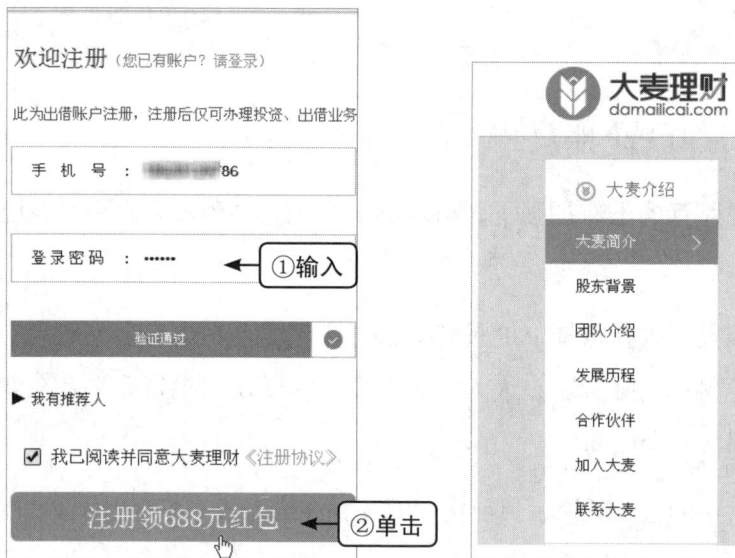

图 8-4

此外，用户在首页可以就企业的相关信息进行查看，如企业介绍和企业备案信息等，如图 8-5 所示。

大麦介绍			备案信息	
平台全称：	深圳大麦理财互联网金融服务有限公司		电信业务经营许可证	申请中，敬请期待
平台简称：	大麦理财		资金存管信息	江西银行
统一社会信用代码：	914403003053780090		存管签约时间	2017年
公司注册资本：	3000万元，实缴3000万元		存管上线时间	2017年6月
公司成立时间：	2014-06-10		网站备案编号	粤ICP备14047000号
平台上线时间：	2014-10-12		地方金融办备案信息	申请中，敬请期待
公司经营有效期：	永续经营	查看		
公司经营状态：	开业中			

图 8-5

当然，用户更关注的企业产品优劣势也可以在这里查看到，从而更方便用户做出选择，如图 8-6 所示。

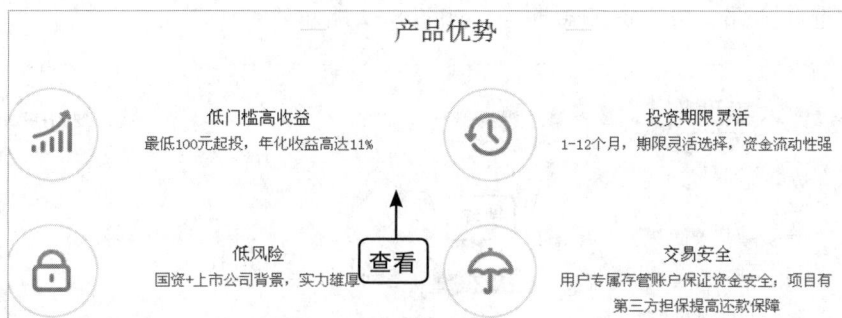

产品优势

低门槛高收益
最低100元起投，年化收益高达11%

投资期限灵活
1-12个月，期限灵活选择，资金流动性强

低风险
国资+上市公司背景，实力雄厚

交易安全
用户专属存管帐户保证资金安全；项目有第三方担保提高还款保障

查看

图 8-6

除了 PC 端注册，还存在另外两种方式：一是在微信端搜索"大麦视界"，关注其微信公众号进行注册；二是在各大手机应用商店搜索下载"大麦理财"APP 注册。

大麦理财于 2014 年 10 月 12 日上线，是具有国资和上市公司背景的网络借贷信息中介平台。主要为合格出借人和借款人提供专业借款项目信息发布与管理、交易管理和交易资金结算等服务。

大麦理财的主要项目在于供应链金融，得到了相应的政策支持。同时在三农和消费金融方面也具有一定的操作性。平台大部分产品有第三方担保公司提供无限连带责任担保，产品小额分散，平台长期稳健性高。

8.1.6 投资产品

在账户注册成功，平台也选定的情况下，用户就可以进行相应的产品投资了，具体操作简单介绍如下。

首先是登录平台官网，单击"我要出借"超链接，然后就可以看到相应的产品信息，比如产品分类、项目状态、年化利率和项目期限等，如选择全部、可投资和短期等，如图 8-7 所示。

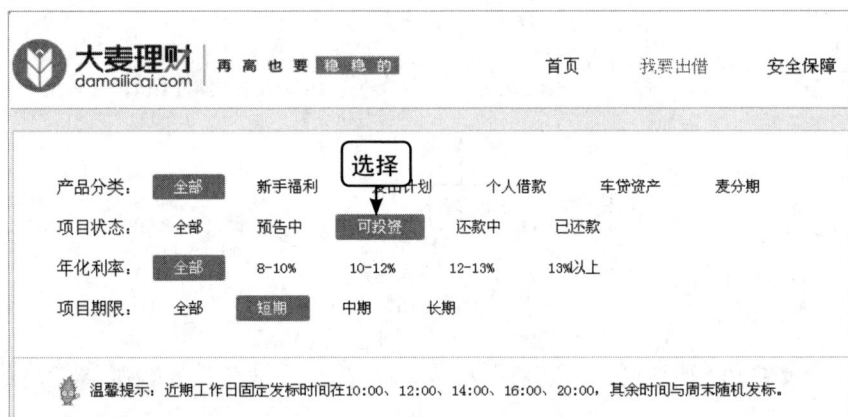

图 8-7

此时系统自动筛选出符合条件的产品信息，单击对应产品右侧的"投标"按钮即可进行相应的投资，如图 8-8 所示。

图 8-8

此时在打开的页面中将显示该项目的详细情况，如总额 50 万元，年化利率为 10.00%，投资期限为 12 个月，投资金额最高为 2.49 万元，单击"立即投资"按钮可进行投资，如图 8-9 所示。

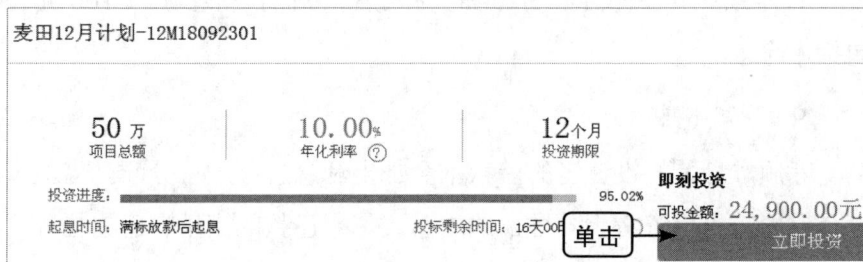

图 8-9

不管投资哪一种产品，产品的收益相当重要，那么 P2P 的收益是怎么计算的呢？

8.1.7 收益如何计算

不同平台的投资周期、年化收益率、回款方式和服务费用等有所不同，一般 P2P 平台的不同产品，也存在一定的差别。一般常见的 P2P 平台的还款方式有一次性还本付息、先息后本和等额本息等。根据不同的还款方式，其收益计算存在差距。

◆ 一次性还本付息

一次性还本付息的收益是在到期才能看见的。投资周期结束后，出借人可以回收相应的本金和利息，如借款本金1万元，约定期限为1个月，年化利率为12%。那么一个月后，利息收入就为100元，收回本金1万元。该类投资模式，收益计算相对简单。

◆ 先息后本

先息后本简单理解就是先归还相应的利息，再归还本金，一般是按月归还相应的利息。如张先生借款本金为1万元，期限为3个月，年化利率为12%，那么投资者的每个月的利息就为100元。当投资者连续两个月收到100元的利息后，到期后收到10 100元，包括本金。

◆ 等额本息

等额本息是将投资者的借款本金加上利息总额进行分配。借款人每个月偿还给投资者相同数额的本息，每月还款的比重在逐月增加，利息在逐月降低。借款人还款额可以借鉴相应的等额本息还款公式，而出借人将每月收到借款人的本金加收益。

◆ 等额本金

等额本金与等额本息存在相同之处，不同的是等额本金只是将出借人的本金平均分配到每个月，利息是上次还款日到此次还款日之间产生的利息。该类收益计算方式，一般适用于高收入人群，总的利息比等额本息少，投资收益也更少。

在计算投资收益时，我们需要注意，一般低于45天的项目，都是一次性还本付息；而6个月以内的项目，一般采用先息后本的方式；

长期和超长期的项目，一般是等额本息。对于投资者来说，一般一次性还本付息和先息后本的收益相对高一点。

8.2 P2P 理财技巧

投资有风险，入市需谨慎，不仅适用于股市，P2P 也如此。我们可以掌握一定的小技巧，从而降低投资风险。那么都有哪些小技巧呢？

8.2.1 了解投资标的

P2P 平台提供的产品，我们往往理解为各种标的，购买的过程也称之为投标。一般从投资期限来划分，可以将各种标的分为秒标、天标、月标和长标。

秒标是"秒还标"的简称，从发起借款标到初审、投标、复审和钱入网站账户过程很短。就像微信群发红包，投资在于时机。但因为可能实际没有借款人，所以秒标容易形成庞氏骗局。

天标很简单，就是投资期限是以天为单位的，一般在 30 天以下。天标一般不作为 P2P 平台的主流标的，如果平台的 80% 为天标，投资者需谨慎对待。

月标，简单说是以月为单位的标的，一般在 1 ~ 6 个月，也是平台常见的主打标的。在月标中，如果投资期限在 6 ~ 24 个月，一般是长标，而长标会占用投资者本金的较长时间。

此外，P2P 理财产品根据投资需求还可以分为：净值标、抵押标、担保标和信用标四大主流类型。

净值标是投资人以个人的净投资作为担保，在一定净值额度内发布的借款标。当投资者的净资产大于借款金额，并且借出金额大于借入时，净值借款标一般用于资金的临时周转。

抵押标是平台根据借款人的资产负债及信用状况，并且在借款人已经签订了相应的抵押担保后，根据平台的风控系统，在确定风险可控后，如果借款人逾期，平台需要在规定的时间内垫付相应的本息的一种标的。

一般以担保额度发布的借款标称之为担保标，是一种存在担保人的标的。如果借款人逾期，则由担保人进行本息的归还。

信用标是无任何的抵押和担保，根据借款人的相关信用来确定的标的。一般常见的最高额度为 5 万元，适合公务员、医生和教师等企事业单位人员。

此外，在 P2P 平台上，我们还常见一些推荐标，是根据借款人的相关资信，在确保风险控制后，平台推荐的一些借款标。如果借款人出现逾期，平台将在 1~2 天内垫付本息。

8.2.2 P2P 分散投资，降低风险

什么是 P2P 分散投资？是将自己的金额（如 10 万元）投到 2~3 家平台上吗？你是否有精力去管理投资的这几家凭条呢？而且你又怎么确保这几家都是风险适当的呢？如果将手中余额投资到不同的平台，这不是降低风险，而是增加了相应的投资风险。

首先，用户需要对于平台的分散进行考虑。比如地域的分散，不同的地方对于网贷的规范都存在一定的差别。因此投资者可以根据相应的地域分散做相应的参考，避免因为地域差异带来的投资风险。如某投资者在全国 10 多个省份，选出 3~5 个城市，然后在每个城市选择 1~2 家进行比较。

同一个城市的 P2P 平台还存在不同背景的平台，如用户可能听说过的国资系、上市系、风投系和创业系等。平台的背景不同，风险也不同。用户还可以根据相应的平台评级进行相应的分散投资。一般平台的等级越高其安全性就越高。

对于同一 P2P 平台，平台资产端有车贷、房抵贷、信用贷、消费金融、供应链金融和涉农贷等。不同的资产端面临的风险不一样，所以适当的产品类型分散也可以达到降低投资风险的目的。

此外，对于同一平台的标的，我们还可根据期限的长短来确定，如 1~6 月的短期标、6~12 月的中期标和 12 月以上的长期标。不同期限的标的，对于资金的占用时间不同。一般短期标的资金灵活性更好，而长期标的相对来说，收益更高。

最后，还可以从平台的收益上来进行分散投资，可以参考相应的网贷行业的综合平均年化收益，合理布局自己选择的产品。此外，在当前的大环境下投资理财时，我们可以适当地降低自己的预期收益，保证本金的安全。

8.2.3　小额起投，养成长期、稳健的投资习惯

对于新手的 P2P 投资来说，一般适合小额起投，资金更安全。并且自己要做好长期学习的心理准备，学习行业的最新政策，掌握行业

的最新变化,与时俱进,紧跟市场,做出正确的投资决策。同时需要多了解监管政策的变化。

如用户登录某 P2P 平台,查看相应的投资标的。如授权出借是在 1 万元以上和 1 000 元以上的,对于同一平台的标的,此时一般可选择投入较小的标的进行投资。虽然相对投资期限长一点,收益也相对低一些,但是更符合我们长期、稳健的投资习惯。单击"授权出借"按钮,进入下一步操作,如图 8-10 所示。

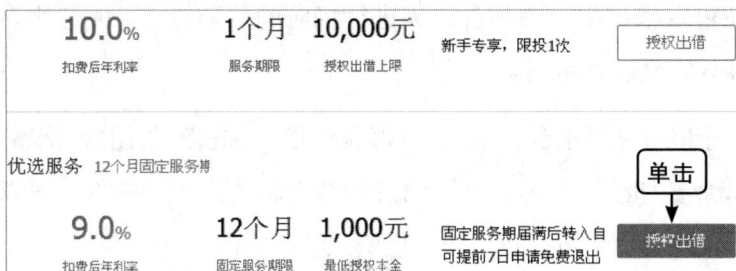

图 8-10

此时我们将进入该 P2P 产品信息的详细页面,可以查看到收益为 9.0%,期限为 12 个月,输入投资金额 1 000 元,单击"授权出借"按钮,如图 8-11 所示。

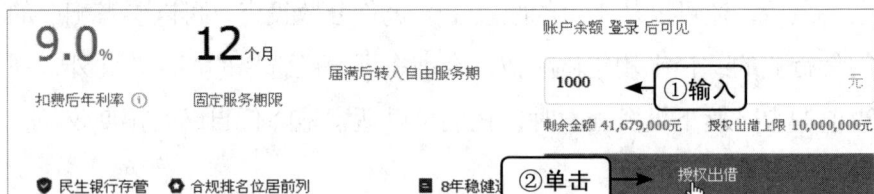

图 8-11

同时该页面还将提示关于该产品的一个服务周期的服务时间,如服务的发布时间、开始扣费利息的时间、转入自有服务期以及随时申请退出的时间等，如 8-12 左图所示。此外该页面还将显示该产品退出机制的具体说明，如 8-12 右图所示。

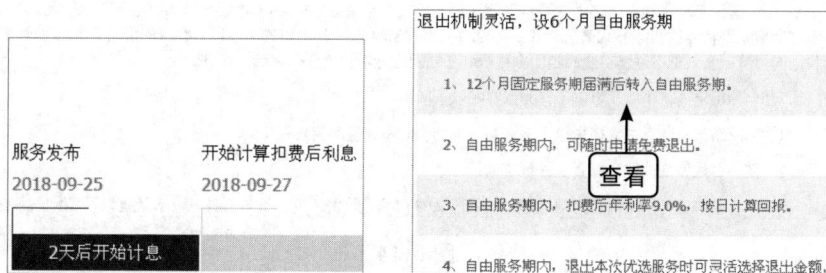

图 8-12

在该页面还将显示关于该产品的服务的具体介绍，如自动投标授权服务期限、回报说明、授权出借条件、退出方式、费用说明、风险提示书和服务协议等，如图 8-13 所示。其中我们需要重点关注于回报说明、退出方式和费用说明等。应仔细阅读相应的说明，对于不明白的地方可以联系相应的客服人员。

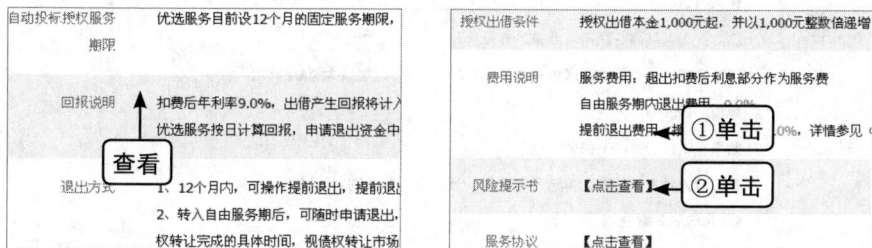

图 8-13

对于该服务说明中的风险提示书，可单击"点击查看"按钮进行查看，如图 8-14 所示，用户作为一名出借人不能进行的相应行为，如向平台提供不真实、不准确或不完整的信息；非法持有资金、不具有相应的风险承受能力等。用户在查看时应逐条查看清楚。

风险提示

您正在进行的是由人人贷商务顾问（北京）有限公司（下称"人人贷"）提供网络借贷信息中介服务的网络借贷活动。人人贷在此就网络借贷活动的风险及禁止性行为向您提示如下：

1、网络借贷是个体和个体之间通过互联网平台实现的直接借贷，您与借款人约定的且通过人人贷平台展示的借款利率或期待年回报率不代表您最终实际取得的利息或回报，您出借的本金以及相应的利息存在不能够按期收回的风险；人人贷不对您本金的收回、可获利息或回报金额作出任何承诺、保证。

2、您作为出借人，不得从事以下行为或存在以下情形：

（1）向网络借贷信息中介机构提供不真实、不准确、不完整的信息；

（2）使用非法资金或非自有资金进行出借；

（3）不具备与进行网络借贷活动相适应的风险认知和承受能力，投资于与自身风险承受能力不匹配的融资

图 8-14

在服务说明页面，用户还可以单击"点击查看"按钮对于相关的服务协议进行查看，如甲方的姓名、身份证号、联系电话、乙方名称、公司和联系电话等，如图 8-15 所示。

优选自动投标服务协议书

协议编号：_____

甲方：_____

身份证件号码：_____

联系电话：_____

乙方：人人贷商务顾问（北京）有限公司

联系住所：北京市海淀区中关村东路1号清华科技园科技大厦A座18层

邮编：100084

联系电话：400-090-6600

甲乙双方经友好协商，本着平等自愿、诚实信用的原则，达成如下协议：

1、优选服务意向

1.1 乙方作为一家在北京市合法成立并有效存续的有限责任公司，拥有www.renrendai.com网站以及对应的移动客户端（合称"人人贷平台"）的经营权，主要通过人人贷平台为互联网环境下各主体之间的借贷交易提供网络借贷信息中介服务；为了方便出借人更加便捷、高效地进行资金出借，乙方提供优选自动投标服务（下称"优选"或"优选服务"）。**优选服务是乙方根据甲方的授权，在双方约定的服务期限内，按照甲方指定的投标范围，通过人人贷平**

图 8-15

对于上面的服务协议，用户可以在该页面进行下载。一般对于新手来说，要想获得稳健的收益，适合自己很重要。可根据理财门槛、风险可控性、资金灵活性和收益性等进行判断。对于 P2P 网贷理财，从小额起投，养成长期、稳健的投资习惯很有必要。

8.2.4 P2P 常见的骗局

近年来，我们常听说 P2P 公司跑路、爆雷。在 2018 年间，P2P 平台爆雷频发，根据相关人士大概统计，在 2018 年 9 月就出现 67 家问题平台爆雷。爆雷，一般指 P2P 平台因为逾期兑付或经营不善问题，未能偿付投资人本金利息，而出现的平台停业、清盘、法人跑路、平台失联或倒闭等问题。简单以案例说明如下。

大圣理财，在 2016 年 1 月上线，是民营平台，出现爆雷情形：提现困难。而在爆雷前，出现了突发的异常公告的情况。

平台曾被投资人自融，而在 2018 年 5 月，平台公司法人、合伙人相继变更。在 9 月 20 日，平台突发获 4 亿元的战略注资公告，并称由于办理工商增资扩股及财务审计需要暂停几日交易，随后发布停业兑付公告。

如上面例子的情形，一般就是 P2P 爆雷之一。P2P 平台爆雷原因各有不同，但总体上可以分 3 个阶段：项目前阶段爆雷、项目中阶段爆雷和项目后阶段爆雷。

（1）项目前阶段爆雷

一般这类爆雷平台，在标的还没有开始的时候就存在一定的问题，爆雷的原因一般为诈骗跑路和假标自融。该类平台具有欺骗性，如 e 租宝事件，通过发布超高收益的标的来吸引投资者，当标的期限到达时，通过新投资人的本利息偿还到期投资者的本利息，最后平台资金链断裂，平台跑路。而假标自融一般就是平台老板通过设置关联公司，发布假标，最后将融资到的金额输送到关联公司，然后跑路。

（2）项目中阶段爆雷

项目中阶段的爆雷，一般是平台的运营出现相关问题，从而导致平台拆标错配。一般表现为拆额度和拆时间。

（3）项目后阶段爆雷

项目后阶段的爆雷，一般表现为逾期坏账。借款人在到期后不能按时归还相应的借款，从而产生坏账。如果坏账金额数量过大，那么平台也爆雷。

一般如果借款人逾期，平台将通过处理抵押物、加强催收、展期和续贷等方式，减少坏账损失。用户已经简单了解了P2P的这些爆雷，那么有没有什么办法识破一些P2P骗局呢？以下是一些常见的P2P骗局，可多加注意。

◆ **高息诱惑**：发布超高收益的标的来吸引投资者。

◆ **秒标圈钱**：以时间短、利率高和回款快为诱饵实现圈钱。

◆ **利用媒体宣传造势**：利用自有资金循环投资，制造虚假繁荣，并在相关网络大肆宣传。

◆ **利用搜索引擎认证增信**：通过相应的百度认证、360搜索和搜狗搜索认证增加信任度，吸引投资者。

◆ **编造专业创始人团队**：造假资深投资专家团队。

◆ **包装成大城市平台**：将其他城市的平台包装成北上广大平台。

◆ **假借官方机构为其增信**：编造与央行合作，所有投资用户的资金均会由中国人民银行北京支行全权监管。

◆ **监守自盗骗取投资者资金**：常出现在债权转让的标的中。

◆ **假借第三方为其增信**：虚增一些大平台公司为其担保。

◆ **平台所有信息系编造**：包括企业信息、工商登记、法人以及注册资金等都伪造。

09

理财 APP，别再只会用余额宝

在如今各种吃喝玩乐 APP "满天飞" 的情况下，各种理财 APP 也是层出不穷。没有最好，只有最新。如果对于理财 APP 你只会用余额宝，那么就落伍了。

余额宝、微信理财和京东金融等就是典型的理财 APP。如何使用这些 APP，上面都有哪些产品，怎么购买，有哪些注意事项等，这些都是本章将详细讲解的问题。

选择一个靠谱的理财 APP 特别重要，不要被所谓的免费领各种 "红包" 诱惑，你看到的红包可能是各种金融陷阱。所以，还是那句话，投资有风险，理财需谨慎。

9.1
余额宝理财

近年来，当用户在各大超市或者商场购物时，收款方都会提示可以使用余额宝消费红包。什么意思？就是如果你在超市消费了 50 元，如果选择支付宝里的余额宝支付，通过支付宝扫一扫扫到的红包为 8.8 元，那么实际通过余额宝支付时，你只需要支付 41.2 元。那么余额宝到底是一种消费还是理财？

9.1.1 认识余额宝

余额宝是蚂蚁金服旗下的余额增值服务和活期资金管理服务产品，在 2013 年 6 月推出。余额宝具有消费和理财两大功能，平时吃喝玩乐购物后，可以通过余额宝直接购物、转账和缴费付款，如图 9-1 所示。

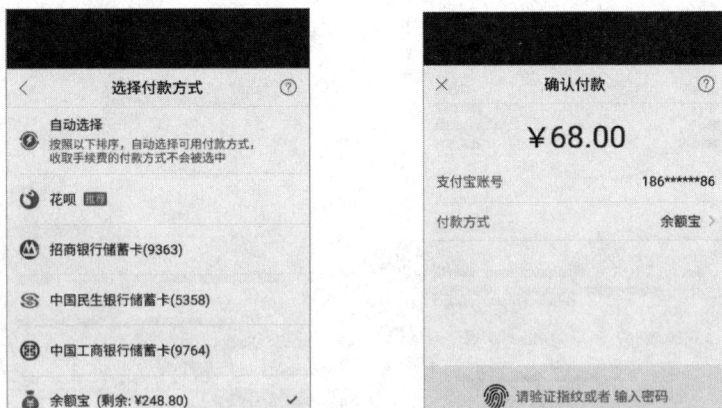

图 9-1

除此之外，余额宝还具有理财功能，通过余额宝可以进行相应的理财产品的购买。最初余额宝诞生时，对接的是天弘基金旗下的余额宝货币基金，操作简便、低门槛、零手续费且可随取随用。

而在 2018 年 5 月 3 日，余额宝新接入博时、中欧基金公司旗下的"博时现金收益货币 A"、"中欧滚钱宝货币 A"两只货币基金产品。

因此，我们可以知道，在余额宝里购买的理财产品大多为货币基金产品。

余额宝与其他理财产品一样，也具有一定的特点，具体如下。

◆ **最低购买金额没有限制**：一般余额宝对于最低购买金额没有限制，即使投资 1 元钱。余额宝的目标是将理财者闲散的零钱实现增值。但是在购买时，从收益角度，一般会建议多少金额起购最好。

◆ **双向功能**：余额宝不仅能理财，还能消费。因为余额宝里的资金一方面在时刻保持增值，一方面随时可用于消费。

◆ **理财操作简单**：整个流程和支付宝充值、提现和购物支付一样简单。余额宝服务是将基金公司的基金直销系统内置到支付宝中。用户将资金转入余额宝，实际上是进行货币基金的购买，相应资金均由基金公司进行管理。余额宝的收益非利息，是用户购买货币基金的收益。用户选择使用余额宝内的资金进行购物支付时，就相当于对货币基金进行赎回。

◆ **安全性高**：支付宝将对余额宝提供被盗金额补偿保障的措施，保证了资金的安全。

与其他的理财产品一样，风险小，但不意味着没有风险。余额宝的风险，主要表现在如下 3 个方面。

◆ **货币市场风险**：因为余额宝的本质是货币基金，余额宝的收益是货币基金的市场收益。因此，余额宝理财风险主要是货币基金市场风险。

◆ **与银行竞争风险**：余额宝的推出，将理财者闲置的活期存款吸引到了余额宝中。从某些方面来说，将在一定程度上危及银行收益，同时将和理财者的活期存款收益相抵制。

◆ **监管风险**：按照央行对第三方支付平台的管理规定，支付宝余额可以购买协议存款，能否购买基金并没有明确的规定。如果监督部门提出相关整改协议，余额宝存在被叫停的可能。

没有哪种投资没有风险，而且投资者也具有各种风险偏好。如果投资风险相对同类较小，可斟酌投资。

9.1.2 将资金转入余额宝

对于余额理财操作，具体如图 9-2 所示，登录支付宝的首页，点击"余额宝"按钮，进入余额宝页面，点击"转入"按钮进行下一步操作。

图 9-2

在该页面，我们需要输入转入金额，如 200 元，进入如 9-3 左图所示的页面，系统将提示转入时间、转入基金、收益计算时间和收益到账时间。最后点击"确认转入"按钮，进入下一步操作。

然后系统将提示转入成功，以及项目进度表，点击"完成"按钮，如 9-3 右图所示。

图 9-3

此时就将回到余额宝的首页，我们将看到账面的余额已经发生了变化，点击"累计收益"选项查看关于累积购买该产品的收益，累计收益为 4.62 元，如图 9-4 所示。

图 9-4

此外，用户还可以在余额宝的首页点击"万份收益"和"七日年化"选项，查看七日年化利率和万份收益。如当前七日年化利率为2.8760%，9月27日的收益为0.8389元，如图9-5所示。

图 9-5

用户将资金转入余额宝后，应注意在期间尽量避免通过余额宝消费，因为一般默认为消费就将该基金赎回了，那么就将影响相应的收益。

9.1.3 选择不同的余额宝存入方式

在前面我们看到余额宝产品的买入都是以资金存入的方式进行的，理财产品的购买有很多种方式，余额宝同样如此。那么余额宝都有哪些转入方式呢？

第一种就是前面我们操作的，通过银行的资金直接转入购买。此外，还有两种模式：工资卡定期转入和自动转入，具体操作如下。

点击"工资理财"选项，在出现的页面中点击"下一步"按钮进行工资转入的详细信息填写，如图 9-6 所示。

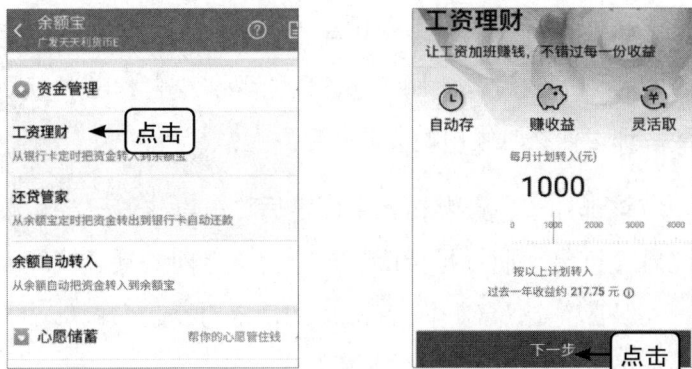

图 9-6

工资转入信息输入完成以后，点击"完成"按钮，在最开始的页面中打开"余额自动转入"开关即可设置自动转入，如图 9-7 所示。

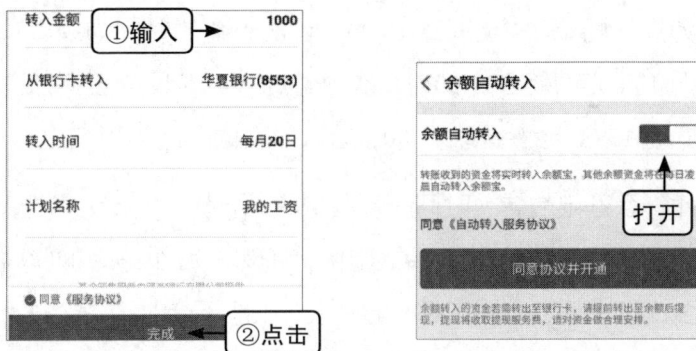

图 9-7

余额宝的三种存入方式中，定期的工资转入和余额自动转入最方便，但是工资转入要保证工资卡里每月达到固定的转入金额。如果金额一般在 1 000 元以上，选择自动余额转入最为方便。自动将账户闲置的金额转入，但前提是账户一定要有余额，否则也会转入失败。

9.1.4 余额宝投资时间技巧

余额宝将账户闲置的资金利用起来，相对于银行存款，存取都很灵活，收益也高于银行的活期利息。网上购买支付，随时赎回，操作相当方便。那么什么时候申购或赎回更好呢？

用户应该都知道，资金转入余额宝后，就意味着已经购买了某基金公司的基金产品，而且是货币基金。会有专门的基金管理人运作，基金托管人保管资金，高安全、高流动和稳定的收益。在转入的时间上，也是有一定小技巧的。

一般资金转入的第二个工作日，基金进行相应的购买确认。如果转入的时间在周一的 15:00 至周二的 15:00，首次收益的时间为周四；转入时间在周二 15:00 至周三 15:00，首次收益的计算时间为周五；转入时间为周三的 15:00 至周四 15:00，首次收益的时间为周六；转入时间为周四 15:00 至周五 15:00，首次收益的计算时间为下周二；转入时间为周五的 15:00 至下周一 15:00，首次收益的时间为周三。

因此，余额宝的转入时间一般以 15:00 作为一个节点。建议可在周一到周四将相应的资金转入余额宝中，确保不会少一天的收益。而且我们还要注意，基金公司在周末的时候，一般不会对于资金进行确认，如遇到法定节假日还要进行顺延。因此，投资时间很重要。当然，在转入或申购时明确相应的投资收益很重要。那么余额宝的投资收益都是怎么计算的呢？

9.1.5 余额宝的收益计算

余额宝收益计算一般有两种方式，即七日年化收益率和每万份收益。七日年化收益率是指将最近 7 日的平均收益水平进行年化后的总收益；每万份收益，是一万份一日的收益。在余额宝的页面，我们可以对于余额宝公布的收益计算方式进行查看，具体操作如下。

在余额宝的首页点击"？"按钮进入我的客服，如 9-8 左图所示。在紧接着页面可以对于相关问题进行查询，如点击"余额宝的收益如何计算"超链接，如 9-8 右图所示。

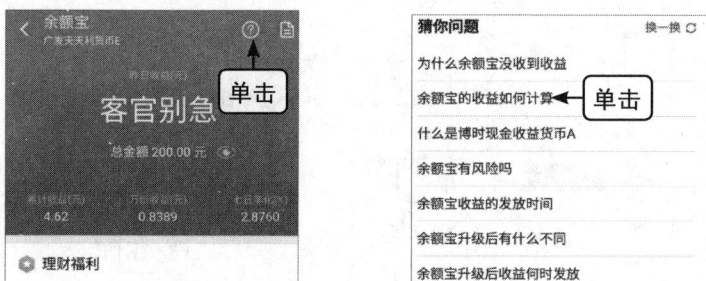

图 9-8

在紧接着的页面，用户将看到余额宝对于收益计算的规定，如计算公式为：收益 = 已确认的金额 ÷10 000× 当日万份收益，以及对于收益确认的时间说明，如图 9-9 所示。

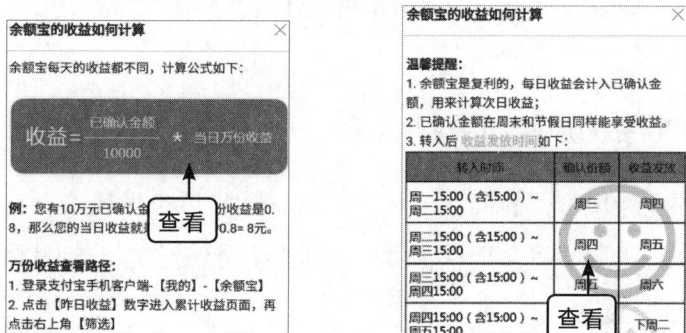

图 9-9

除了如上在余额宝客服说明里进行收益公式查询外，如果想知道具体的金额明细，用户还需要通过相应的计算器进行计算，具体操作如下。

在进入余额宝的收益计算器后，选择存入日期和七日年化收益率，点击"计算"按钮，我们将得到相应的到期利息金额，如9-10左图所示，同时我们还可以在该页面看到和存款收益的比较，如9-10右图所示。

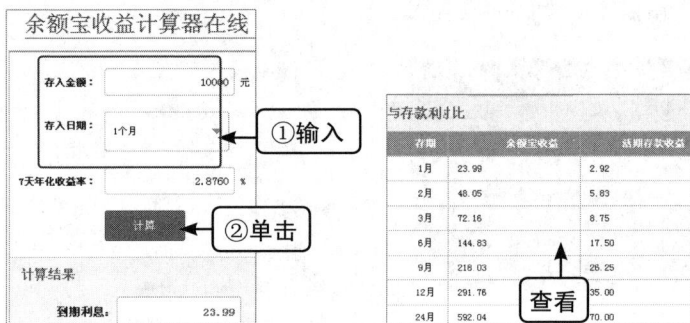

图 9-10

我们要注意，余额宝是每日结算相应的收益，每天下午15:00左右，前一天的收益到账。用余额宝消费或转出的那部分资金，当天是没有收益的。而且转出到支付宝余额有额度限制，转出至银行卡有次数和额度限制，一般一个账户一天最多可操作3次转出至银行卡。

9.1.6 余额宝的风险与限制

余额宝的风险，前面我们稍有提及，如货币市场风险、与银行竞争风险和监管风险等。而除了如上的风险，余额宝对于自身风险，也做了简单地总结。

我们可以通过具体的操作，进行风险查询。首先是进入余额宝首页，在我的客服里点击"余额宝有风险吗"超链接，进行余额宝的风险查询，如图 9-11 所示。

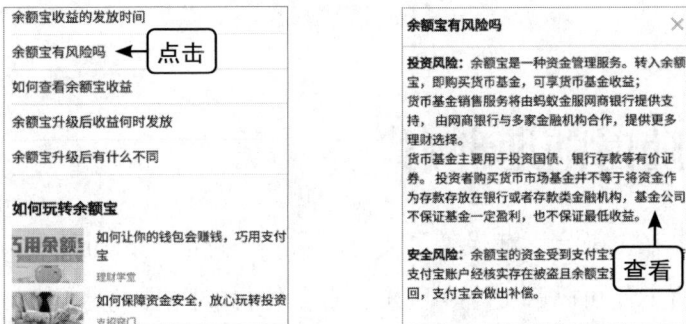

图 9-11

投资有风险，作为基金公司，同样会面临一定的风险。从 2017 年到如今，基金公司做了相应的限制。据悉余额宝管理方天弘基金管理有限公司将个人交易账户持有最高额度调整为 25 万元，紧接着这一限额又调整为 10 万元。

在 2017 年 12 月底，天弘基金再次表示，自当年 12 月 8 日起，天弘余额宝货币市场基金个人交易账户每日申购总额调整为 2 万元，个人交易账户持有总额度仍为 10 万元。

2018 年年初，"限购"再次加码，余额宝对每日申购总量进行限制，每日 9 点起发售，当天购完为止。同时也暂停了支付宝余额自动转入余额宝的功能，限购仍在继续。

在 2018 年 5 月余额宝升级之后，余额宝里除了天弘余额宝货币基金之外，截止到 9 月，已经新增了 11 只货币基金。新增的货币基金目前暂时没有最高转入额度限制，但是在转入的时候可能会根据支付方式的不同有支付限额。

9.2
微信随时随地理财

近年来，微信逐渐代替了 QQ，成为一种最常见的聊天工具，并且在微信上还可以解决吃喝玩乐、衣食住行的问题。那么微信的功能只有这些吗？如果你以为微信只用来聊天、支付吃喝玩乐的花费那就错了，微信不仅可以玩，还可以赚钱。在微信平台，有一款理财神器——理财通，那么理财通怎么使用呢？

9.2.1 理财通货币基金

理财通是腾讯与多家金融机构合作后为用户提供多样化理财服务的第三方理财平台。在该平台，具有货币基金、定期产品和保险产品等。下面我们来简单地认识理财通的货币基金。

首先在微信的钱包里点击"理财通"按钮，然后进入理财页面，进入腾讯官方理财平台，在该页面点击"理财"选项卡，进入理财操作，如图 9-12 所示。

图 9-12

在出现的页面中，点击"货币基金"按钮，进入货币基金页面，在该页面我们将看到关于该货币基金的产品种类，点击"鹏华增值宝"选项，进入产品购买页面，如图 9-13 所示。

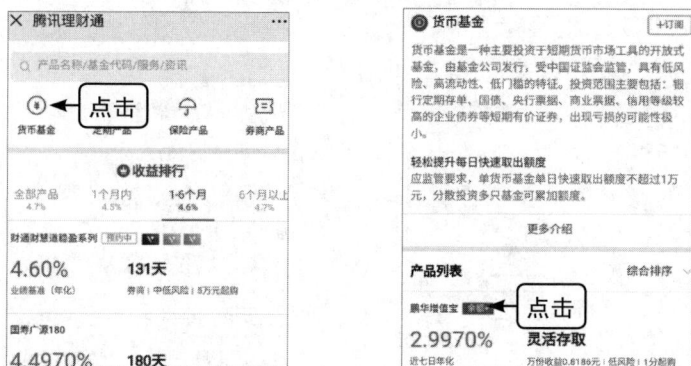

图 9-13

在紧接着的页面，在"持有产品"中点击"鹏华增值宝"超链接，对于该货币基金信息进行详细了解，如 9-14 左图所示。

在该页面，我们还可以看到该货币基金的近三月的年化收益率的曲线图，近七日的年化率为 2.997 0%，如 9-14 右图所示。

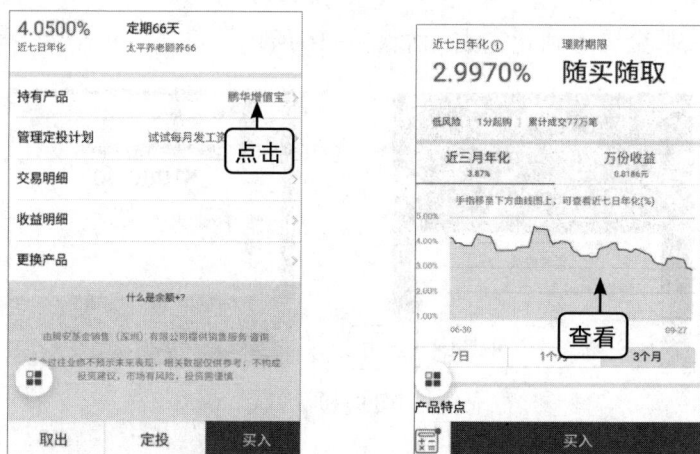

图 9-14

在该页面，我们同样还可以看到关于该基金的产品特点、交易规则和常见问题等，如图 9-15 所示。

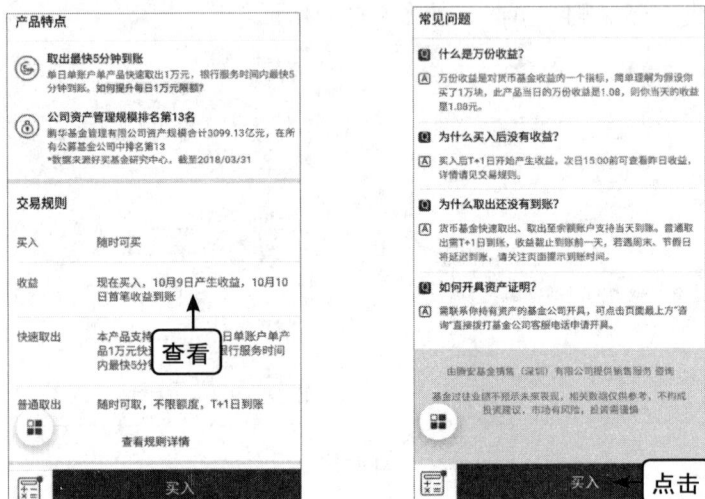

图 9-15

查看完成后，点击"买入"按钮，进行基金购买。

紧接着，我们需要输入购买的金额，如输入 1 000 元，输入完成后，点击"买入"按钮，然后进行相应的支付，支付完成后，点击"确认买入"按钮，该基金买入到此完成，如图 9-16 所示。

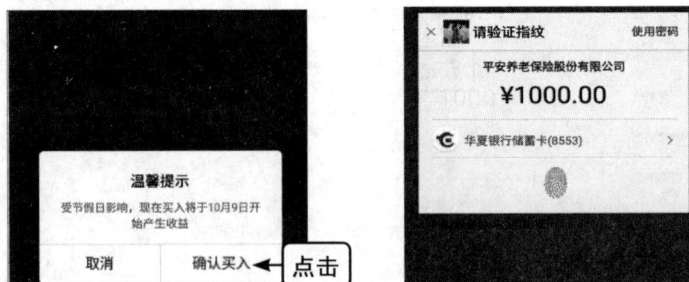

图 9-16

与余额宝购买不同，理财通对于初次购买者，一般会在购买前做一个相应的风险测试。理财者可以根据相应的风险测试，减少购买的风险。

9.2.2 理财通定期产品

在理财通平台上不仅可以购买货币基金，还可以购买相应的定期理财产品。

与前面一样，首先需要登录微信，然后进入钱包－理财通－理财，点击"定期产品"按钮，进入定期产品的购买页面，具体如 9-17 左图所示。

此时在定期产品页面，用户将看到各种类型的短期型基金。选择你看好的一只购买，如选择近七日年化收益率为 3.510 0% 的产品，如图 9-17 右图所示。

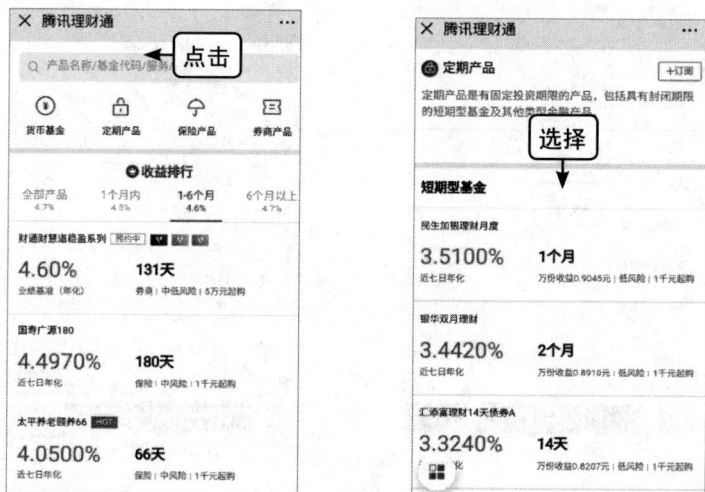

图 9-17

在接下来的页面中，用户可以对于产品收益、特点和交易规则等进行查询，具体如图 9-18 所示。

图 9-18

　　此外，在该页面，我们还可以对于该定期产品的风险和档案进行查看。其中包括基金介绍、投资组合说明和基金经理介绍等，具体如9-19左图所示。当然该只基金的一些常出现的问题，我们也可以在该页面找到答案，如9-19右图所示。

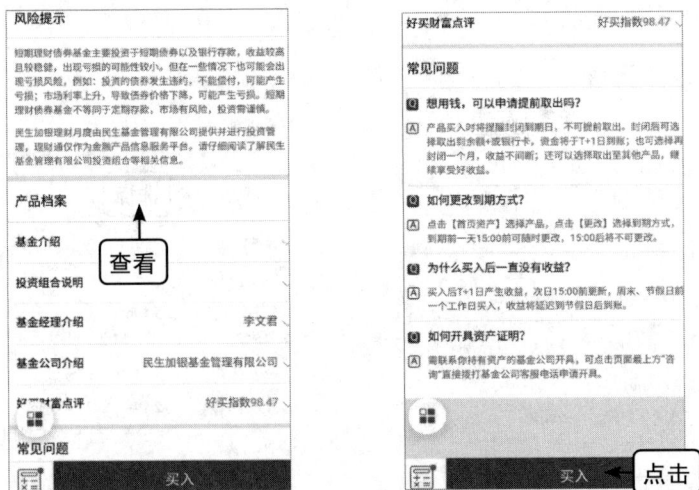

图 9-19

　　当对所有的产品信息有了大概的了解后，我们可以点击"买入"按钮，在进入的页面中输入相应的购买金额，然后进行支付，支付完成后，点

击 "确认买入" 按钮，该定期产品买入到此完成，如图 9-20 所示。

图 9-20

在上述购买中，我们需要注意，受到法定节假日的影响，即使在当日购买，收益也要从节假日后的正常工作日算起。

9.2.3 理财通保险产品

在理财通平台上除了前面所说的可以购买货币基金和定期产品外，还可以购买相应的保险产品。与前面操作一样，首先需要登录微信并进入钱包 – 理财通 – 理财中，点击 "保险产品" 按钮，进入购买页面，点击 "平安养老富盈 5 号" 选项查询相应产品信息，如图 9-21 所示。

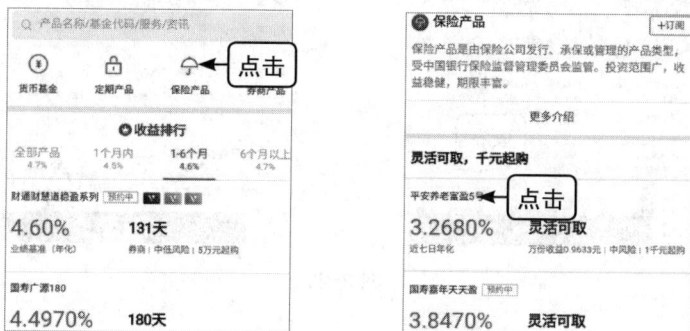

图 9-21

紧接着，页面将出现关于该理财产品的近七日年化利率、产品期限、曲线图、产品特点和交易规则等，如图 9-22 所示。

图 9-22

对于任何一款产品风险的了解都必不可少，对于该保险产品亦如此。我们需要在该页面对于风险进行简单了解，如 9-23 左图所示。

当然，还包括对于该保险产品的档案信息以及常见问题进行了解。最后，点击"买入"按钮，开始购买该款产品，如 9-23 右图所示。

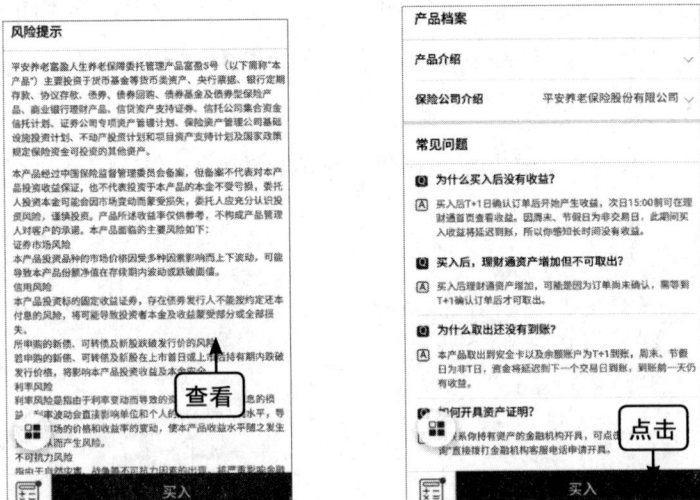

图 9-23

此时，我们需要相应的购买金额，如输入 1 000 元，进行相应的

支付后，点击"确认买入"按钮，该保险产品买入到此完成，如图 9-24
所示。

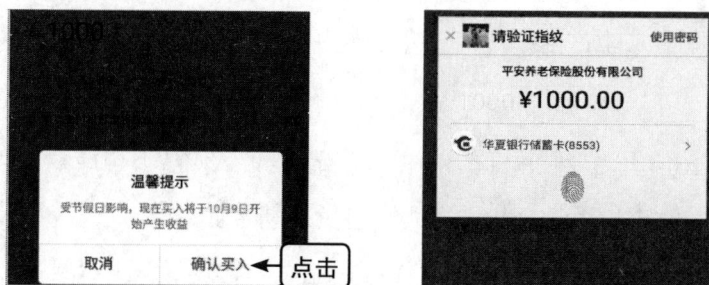

图 9-24

无论是通过微信理财购买基金还是定期或者保险产品，前提是银
行卡里有一定的闲置资金。而这些闲置资金就需要我们不断地积累而
成，可能是第一笔工资，也可能是工作几年的积蓄，从而实现以钱生
钱的理财目标。同时适当地控制消费，增加余额。

当然，除了余额宝、微信等常见的理财工具，我们还可以通过京
东金融来实现淘金梦。

9.3

京东金融，潜力无限的理财平台

如果你以为京东只是用来购物的，那就错了。在京东上不仅可以
消费，还可以理财，比如京东金融。在这里理财者不仅可以用银行储
蓄购买基金、股票和保险等，现在市场存在的大多数理财方式也都可
以在里面找到。

9.3.1 闲散资金放入小金库就能赚钱

京东小金库类似于余额宝，当理财者将资金转入其中之后，就可以购买货币基金产品。同时，小金库里的资金也随时可以在京东商城购物。

在 2014 年 3 月 28 日，京东小金库上线。最初小金库对接的分别是鹏华增值宝货币基金和嘉实活钱包货币基金。

京东小金库里的产品收益计算公式为：京东小金库内已确认份额的资金 ÷10 000× 当天基金公司公布的每万份收益。

需要注意的是，每万份收益一般为波动值，具体需要根据基金公司每日的公布。京东小金库的收益是每日复利计算收益，而复利也将作为本金计入第二日的收益。

那么，京东小金库的产品到底怎么购买呢? 首先需要安装京东金融 APP，点击"同意"按钮，点击"京东小金库"选项，开始购买，如图 9-25 所示。

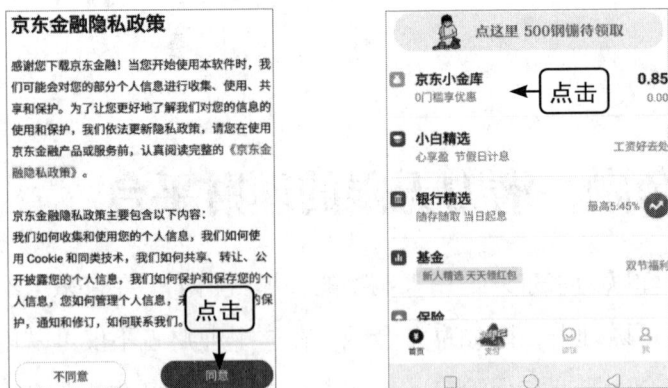

图 9-25

在紧接着的页面，点击"转入"按钮，进行资金转入操作,输入完成,点击"确认转入"按钮，如图 9-26 所示。

图 9-26

但在确认时，系统会提示需要理财者进行风险测评，点击"去测评"按钮，测评测试题完成后，点击"提交"按钮，如图 9-27 所示。

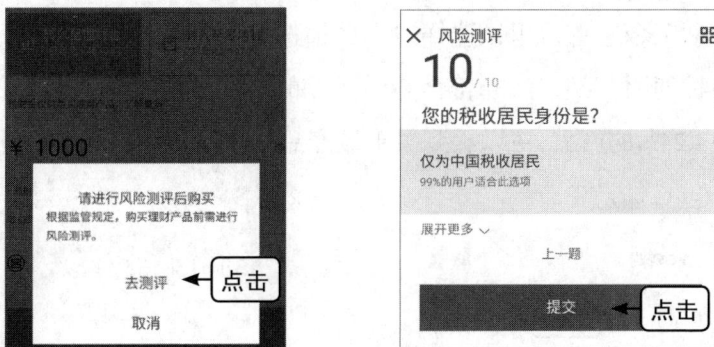

图 9-27

根据相应的测评提交，系统将自动得出测试结果，如图 9-28 所示为"平衡型"理财者，点击"完成"按钮，最后再进行相应的支付。

图 9-28

京东小金库的资金转入到此就完成了。在京东金融除了小金库，还有适合小白的理财。

9.3.2 为新手量身打造的"小白"理财专区

京东金融里对于投资新手或者小白们进行了特别照顾，有专门的小白理财专区，简单介绍如下。

在京东金融首页里，选择"小白精选"选项，此时将看到小白精选的各种理财产品，选择符合心中预期的产品购买，如选择 7 日年化利率为 4.24% 的产品，可以看到关于该产品的收益曲线，如图 9-29 所示。

图 9-29

同时在该页面，我们还可以对相关规则进行了解，了解后点击"立即购买"按钮，然后输入相关金额进行购买，如图 9-30 所示。

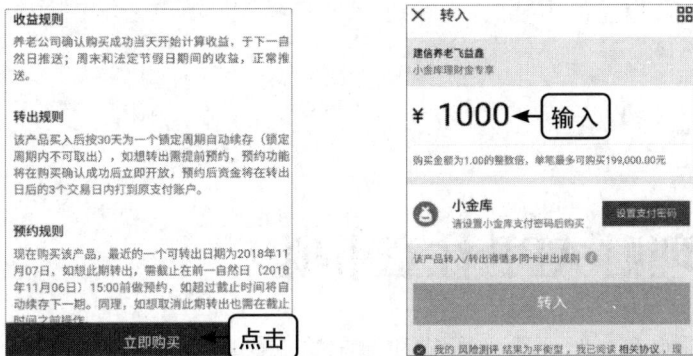

图 9-30

在京东金融除了小金库、小白精选，还有一类投资适合上班族，一般是各大银行推出的固定收益的理财产品或者合作推出的短期基金。

9.3.3 固收理财是保守型投资者的不二选择

首先需要登录京东金融，然后进入银行精选 - 银行 + 银行服务精选页面，点击利率为 4.40% 的产品超链接，在打开的页面查看该产品具体说明，如起投金额、计息规则、支取规则和产品详情等。理财者如有兴趣，查看完成后，可点击"立即存入"按钮进行购买，如图 9-31 所示。

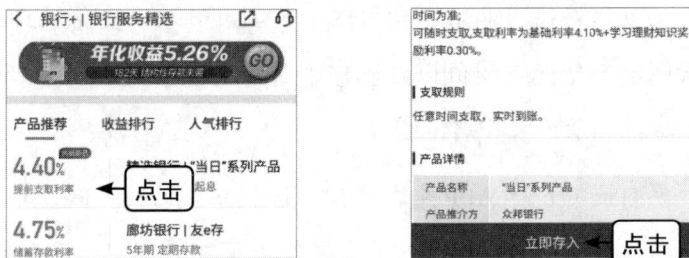

图 9-31

如同京东购物一样，京东金融还是比较靠谱与安全的平台，而且产品众多，潜力无限。无论是选择小金库、小白理财还是最后的银行理财，适合自己最重要。

9.4
选择理财 APP 注意事项

如同京东、唯品会、天猫和淘宝等众多购物平台，由于每个人的购物习惯不同，因此选择也会不一样，并且在新的平台不断诞生的情况下，可供选择的也更多。对于理财亦如此，投资理财 APP 种类繁多，常见的有基金理财、股票理财、银行理财和记账理财等众多分类。每个人的风险承受能力不同，因此选择的理财 APP 也应该不同。

9.4.1 选择一个靠谱的理财 APP

对于理财者中的新手来说，在众多的理财 APP 中，用 3—4 个足够，1 记账 +1 学习 +1 投资。

记账软件有很多，在软件商店里输入"记账软件"，就会发现种类很多。如网易有钱、随手记和口袋记账等可供参考；而学习 APP 一般有时代财经、华尔街见闻以及新浪财经等可供参考；对于投资软件有如京东金融、余额宝和财付通等。

在网易有钱的记账 APP 中，用户可以简单记录日常的花费。如今日花费两笔为 5 400 元，同时还可以设置每月的预算，如 9—32 左图所示。当然除了花费外，用户还应该进行相应的学习，从而提高自己的理财能力。一般可下载一些财经学习软件，如 9-32 右图所示的为时代财经 APP 中的页面。

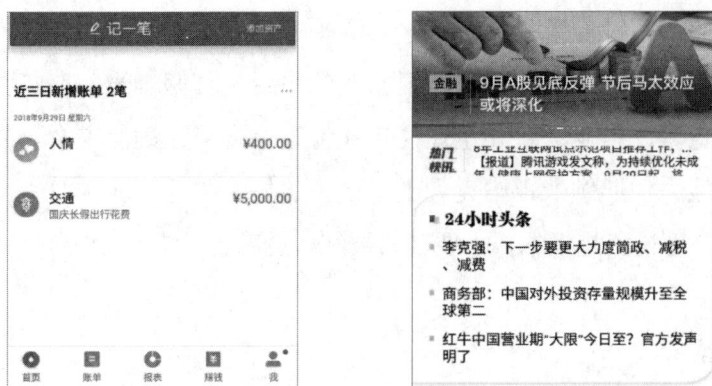

图 9-32

当然对于一些投资的 APP，如京东金融，我们前面已经介绍，这里不再重复介绍。不管是哪一种，真正适合自己才是最重要。

9.4.2 不要被"红包"诱惑

在很多理财软件里，用户常常可以看到，只要注册或者消费就可以领用一定的红包，一般 1 元起，没有上限。那么这些红包，真的领得到吗？不会是陷阱吗？

图 9-33

如图 9-33 所示，在多盈财富的官网，只要用户注册就可以享有 18 000 元理财本金红包。那么实际上当用户注册后，在相应注册账户里真的会有 18 000 元的余额吗?

像京东或者天猫推出的代金券一样，这不过是一种吸引投资者消费的手段。不过像天猫、京东之类的平台相对安全可靠，所以代金券具有一定的可信度。而如多盈财富类的平台，真假难辨，一定要去了解平台背景、企业信息和企业往年业绩等信息，在确保安全可靠的前提下才能去注册领取。毕竟天上不会掉馅饼，羊毛出在羊身上。正当拥有、合理投资是根本，不要轻易被红包诱惑。

多条门路，互联网上处处是财富

在互联网＋时代下，互联网不仅能满足用户日常需求，还能在互联网上拣到宝。当然前提是有技巧，会用工具，比如火爆全球的比特币、区块链、众筹、招财宝、百度理财和苏宁金融等。

既然宝贝这么多，那么怎么才能拣回家呢？有没有什么小常识、小技巧？

本章将通过理论、案例和实操的形式，告诉用户怎么将这些宝贝拣回家。

10.1
当下热门的投资渠道

人们总是对于未知的东西充满好奇，很多新出来的东西，人们都会趋之若鹜。在投资市场亦如此，对于新出的项目、产品等往往能吸引一大批投资者的目光及行动，从而带动一波投资热潮。那么，对于这些新奇热门的投资产品，你真的已经做好准备了吗？

10.1.1 火爆全球的比特币

比特币又叫比特金，最开始的时候是一种网络虚拟货币，然而它可以购买现实生活中的物品，但是仅存在于数字世界。它不受任何国家和金融机构的限制，在世界上的任何地方都可以兑换它。也曾被不法分子利用，作为洗钱工具。

在 2013 年，美国政府承认比特币的合法地位，使得比特币价格大涨。而在中国，2013 年 11 月 19 日，一个比特币相当于 6 989 元人民币。但在 2014 年 1 月 7 日，淘宝发布公告，宣布 1 月 14 日起禁售比特币、莱特币等互联网虚拟币商品。

《华尔街日报》报道了中国的北京和深圳明确禁止有关数字货币的讲座、项目和活动，同时在微信上永久封杀了一些推广数字货币的账号。政府还禁止用户访问超过 120 个离岸数字货币交易所，禁止通过支付宝或微信支付等国内支付平台进行数字货币交易。

最近一段生活体验视频火爆朋友圈，讲述一个女孩仅靠 0.21 个比特币（价值约 1 300 美元）作为自己仅有的生活费用在中国生活 21 天的经历。

尽管交易价格下降了，但是比特币再次成为全球个人财富的"天堂"。目前比特币拥有整个数字货币市场 56% 的市场占有率，比 2018 年年初上升了 12%。

在比特币市场中，比特币买卖是怎么操作的呢？过去，获取比特币的方式有两种：一种是通过"挖矿"，现在基本不行了；另一种是通过交易所买卖得到比特币。买卖比特币需要做好相应的准备，具体操作如下。

◆ 选择可靠的交易所，开通账户

一般需要选择用户口碑较好，比较安全的平台，然后进行注册、充值和买入。当想将比特币卖出时，选择挂单卖出、人民币提现。

◆ 选择比特币钱包

交易所不是银行，不适合长期将比特币和现金存放在该平台。像微信钱包一样，需要有一个专门的比特币钱包，如果没有基本的买币需求，可以提现到自己的网银账户。

◆ 查看价格行情

如同股市交易一样，对于价格行情、行情趋势等的了解必不可少，需要投资者了解运用基本的炒币软件。对于行情 K 线图进行分析。

◆ 相关资讯的获取

买卖比特币，需要对于相关资讯具有及时、快速地了解，以及一些政策信息。当然在一些行情软件上也可以获得最新的资讯。

◆ 加入一些社区群

如同一些炒股群一样，炒比特币也具有相应的社区。在社区里可以借鉴前辈的经验，包括常识以及技术的探讨。

炒比特币和投资股票一样是高风险，甚至高于股票。因为没有任何保护措施，完全的市场行为，所以炒币有风险，投资须谨慎！可能赚到钱，但是也可能亏得一塌糊涂，而且还要注意不被欺骗。一位来自新西兰坎特伯雷的男子就在比特币骗局中损失了 32 万美元，给个人和家庭带来了巨大的损失。

10.1.2 区块链成为投资新宠

区块链是比特币的底层技术，像一个大数据库，能记载所有的交易记录。在 2018 年 4 月，一群来自牛津大学的学者宣布创办世界上第一所区块链大学——伍尔夫大学。

区块链经济是伴随着区块链技术的诞生而出现的一种全新的经济现象，是一种互信、共享和全民自治的互联网经济。2018 年 5 月 29 日，百度百科上线区块链新功能。6 月 25 日，全球首个基于区块链的电子钱包跨境汇款服务在中国香港上线。港版支付宝 AlipayHK 的用户可以通过区块链技术向菲律宾钱包 Gcash 汇款。

8 月 21 日晚，包括金色财经、火币资讯、币世界和深链财经在内的一系列知名区块链微信公众号被封锁。其中部分公众号涉嫌发布 ICO 和虚拟货币交易炒作信息，违反《即时通讯工具公众信息服务发展管理暂行规定》，已被责令屏蔽所有内容，账号被永久封停。

区块链具有明显的核心优势：任何节点都可以创建交易且交易记录不会轻易地被重写或修改。因为想到重写或修改记录，需要非常高的成本，且区块链实现了交易 + 区块两种记录。

区块链具有去中心化、开放性、自治性、信息不可篡改以及匿名性等基本特征。它还需要遵循基本的法则：存储即所有、数据即资产、代币即奖励、节点即渠道和通证即信用等。区块链一般可以分为公有区块链、行业区块链和私有区块链。区块链的风险简单介绍如下。

- ◆ 很多投资者是不理解区块链到底是干什么的。
- ◆ 区块链资产的价格波动比我们想象中要大。
- ◆ 各类区块链项目分类众多。
- ◆ 区块链投资和炒币是有区别的。
- ◆ 区块链资产缺少法律层面的保护。
- ◆ 短期热门炒作。

除了如上的风险，一般还包括各国政策方面的变动带来的风险。因此，作为新手，进入区块链市场一定要谨慎。

10.2
众筹也是理财

我们常听到或看到朋友或者朋友圈发布的众筹，更多的是各种医疗众筹。你以为众筹只是类似于红十字会吗，是社会大众对于弱势群众的帮助？错，今天的众筹，更多的是一种投资。即使是各种医疗的众筹也是对于自身未来风险的投资。不信吗？我们来看一看！

10.2.1 你知道众筹是什么吗

有的人说："我很懂婚姻，婚姻不就是围城那样，外边的人想进来，里边的人想出去。"可是，婚姻真的是那样吗？婚姻并不像我们表面看到或听到的那样。众筹亦如此，它根本不是简单地看到或听到的样子。那么，众筹到底是什么呢？

众筹一般是指网友募集项目资金的一种模式，采用团购或者预购的方式，也是一种融资。但相对于传统的融资更为开放，能否获得资金也不再是由项目的商业价值作为唯一标准。众筹依赖于互联网和SNS传播的特性。通过一些理财平台，参与某众筹项目，可以获得相应的收益。只要是网友喜欢的项目，就可以通过众筹的方式获得项目启动的第一笔资金。

众筹一般由3个部分构成，简单介绍如下。

◆ **发起人**：有创造能力但是缺乏资金的人，并且项目具有可操作性。

◆ **支持者**：对于发起人的故事或者收益感兴趣并具有一定资金能力的人。

◆ **平台**：众筹发起人和支持者的第三方平台，常见的如京东、淘宝等。

当然，玩众筹还需要遵循相应的游戏规则，简单介绍如下。

◆ 在项目规定的筹资天数内，如果筹到的资金达到筹资目标，那么该项目是成功的。如果在规定的期限内金额不足，项目失败，金额退回。

◆ 对于参与众筹的项目，一般都规定有它的筹资目标和筹资天数，参与者应在筹资天数到达前将资金到位。

◆ 一般众筹不是简单的捐款或者公益，它具有一定的商业价值。参与者参与众筹是为了获得相应的投资收益。

众筹和其他理财产品相比，具有哪些优势呢？

◆ 众筹的投资者广泛，集体投资，投资更理性。

◆ 平台会对于参与的公司进行严格审查，减少投资风险。

◆ 平台能够实现市场信息分享，从而为是否投资打下基础。平台
对于产品的好坏做出一定的检测，从而保证投资者的收益。

◆ 平台的资本结构随着市场变化而不断变化，不断标准化。

◆ 平台项目众多，实操性强。

当然众筹还有显著的特点，如低门槛、多样性和大众参与等。那
么怎么才能成为众筹项目的发起人或者支持者呢？

10.2.2 我是项目发起者

项目发起者作为众筹的重要组成部分，用在其他理财产品上，一
般指的是产品的制造者，如股票中的各大上市公司。但是众筹的发起
者可以是公司或者个人，一般以公司居多。

我们以京东金融的众筹为例说明项目发起者是怎么样的。首先登
陆京东金融，单击"众筹"选项卡，然后在弹出的菜单栏里单击"众
筹优选"超链接，发起相关项目如图 10-1 所示。

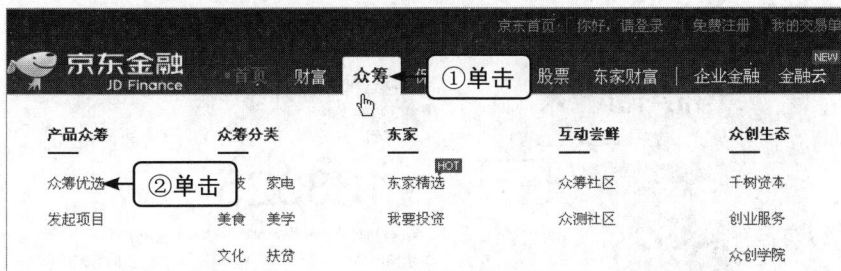

图 10-1

在紧接着的页面中，单击"我的众筹"按钮，为下一步众筹项目
发布操作提供基础，如图 10-2 所示。

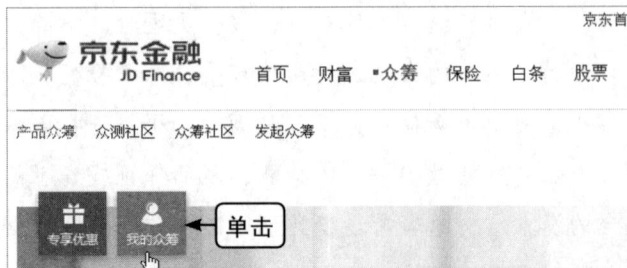

图 10-2

此时将进入我的订单里关于众筹发起的页面，单击"发起众筹"
按钮，进行相关项目众筹发布，如图 10-3 所示。

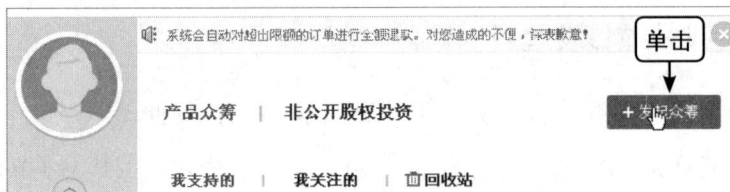

图 10-3

众筹项目发布以后，我们可以回到相关页面进行查询，如在众筹
的首页出现的发布众筹项目中，单击项目页面，进行项目信息查询，
如 10-4 左图所示。此外，我们还将看到关于该项目的详细情况，如众
筹进度、众筹金额和项目截止日期等，如 10-4 右图所示。

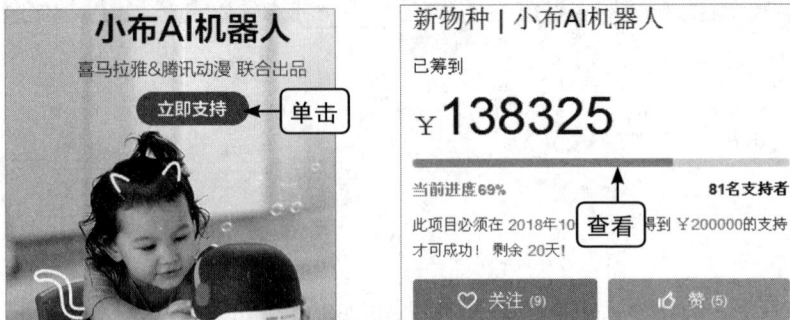

图 10-4

单击项目发起人的头像或昵称，可以查看更详细的项目发起人的信息展示，如图 10-5 所示为上海飞盒数码科技有限公司，同时还有相应的联系地址、官方电话和工作时间等。

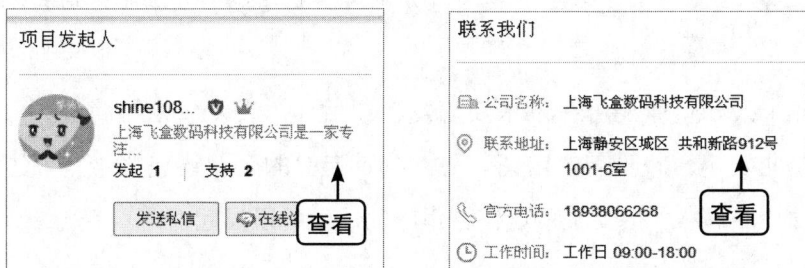

图 10-5

作为项目发起人，我们要将相关的项目进度进行详细展示。如2018 年 5 月～ 9 月的相关进度，如图 10-6 所示。

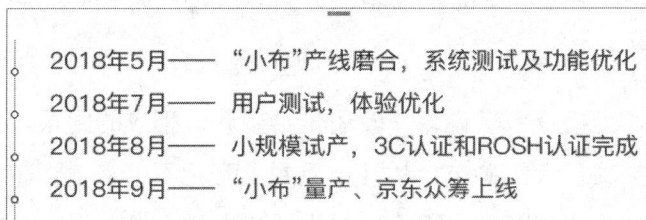

图 10-6

作为项目发起人，一般需要满足一定的条件及遵守相应的规范。以京东众筹为例，常见如下。

◆ 发起者需要将项目的页面设计、视频制作和项目概况等根据众筹项目的要求进行设计。

◆ 当项目申请成功以后，产品类众筹需按照《京东众筹回报服务协议》承担对支持者的实物回报物流处理。

◆ 在项目的募集期，项目的发起人需要在项目的话题区回答支持者的相关咨询。

◆ 项目在京东众筹期间不得在其他的线上渠道和线下渠道进行众
筹和销售。

◆ 需接受京东众筹的监督，特别是在售后工作上。

◆ 当项目的支持者要求项目发起人开具相应的发票时，项目发起
人应及时开具。

个人和企业均可在京东众筹发起项目，个人发起相对简单。如果
是企业发起，一般需要申请入驻，绑定自己的企业钱包账号，并进行
实名认证，然后接受平台审核，审核完成就可以发起众筹。

10.2.3 我是项目支持者

项目的支持者。简单来说就是支持项目发起人发布的创意或者产
品的投资者。在支持一定的金额后，可以选择需要相应的回报，也可
以选择无偿支持。

但是作为投资者来说，一般还是希望获得相应的回报。当然支持
的金额根据项目大小确定，从几十元到上万元不等，主要还是看用户
支持的具体的项目要求。那么如何支持相应的众筹项目呢？简单介绍
如下。

首先，登录京东众筹页面，在该页面的产品众筹中可以查看相应
的众筹产品，如图 10-7 所示。

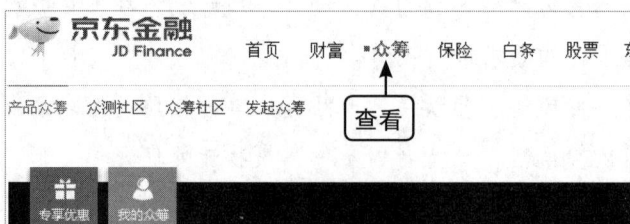

图 10-7

对于众筹的产品一般可以分为四大部分，如热门推荐和即将结束，具体如图 10-8 所示。

图 10-8

还有一些最新上架的和即将上架的，都可以任选一类查看，如图 10-9 所示。

图 10-9

如图 10-8 的热门推荐中单击新大洲本田 NS110R 摩托车的页面，对于该项目产品发起者、项目进度、项目回报和项目参与方式等进行详细查询。

如我们可以看到项目的名称、已筹到的金额、当前的项目进度、支持者和项目期限等，如 10-10 左图所示。当然，众筹平台还会详细地展示项目的发起人信息，如 10-10 右图所示。

图 10-10

　　单击项目发起人的头像，用户可以对于该项目发起人进行详细了解，同时也可以作为是否参与该项目的参考之一。如新大洲本田的简介中包括该公司的成立时间、股权组成、开发能力、推出产品、出口情况、工厂和技术能力等，如图 10-11 所示。

新大洲本田成立于2001年,由新大洲股权投资有限公司、日本本田技研工业株式会社、本田技研工业(中国)投资有限公司出资组建,成立以来依托本田全球产品资源、技术支持和不断强化的自主开发能力,推出了融入本田先进技术的50多款摩托车、电动车产品,销售服务网点遍布全国各地,出口至60多个国家和地区,是国内最顶尖的摩托车制造企业之一。2018年8月正式投产现代高效、绿色节能的新大洲本田太仓新工厂,占地391亩,建筑面积13万平方米,导入了本田及其全球据点的众多领先技术,将成为具备最强QCD竞争力的世界一流工厂。

图 10-11

　　在该页面我们还可以对于该项目的详细进度以及投资回报进行简单地了解，如该项目在 2018 年 3 月的时候开始第二版的样本测试、品质确认，2018 年 8 月进行量产准备，并且在 2018 年 9 月进行众筹启动，如图 10-12 所示。

　　对于该项目的参与，一般有 3 种方式，如 2 180 元、12 180 元和 121 800 元等，当然还有一种无偿参与的。

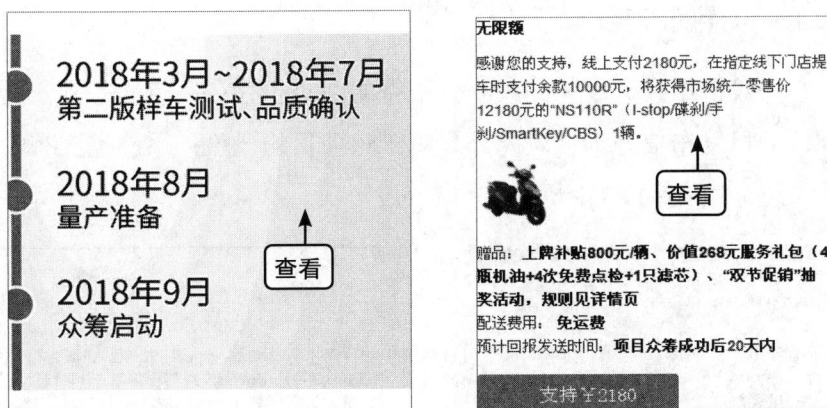

图 10-12

我们可以任选一种档位进行参与，如单击"支持¥12180"按钮，进行具体金额的支持。

我们还可以选择相应的支持数量，一般默认为 1 份，最后单击"去结算"按钮即可完成支持，如图 10-13 所示。

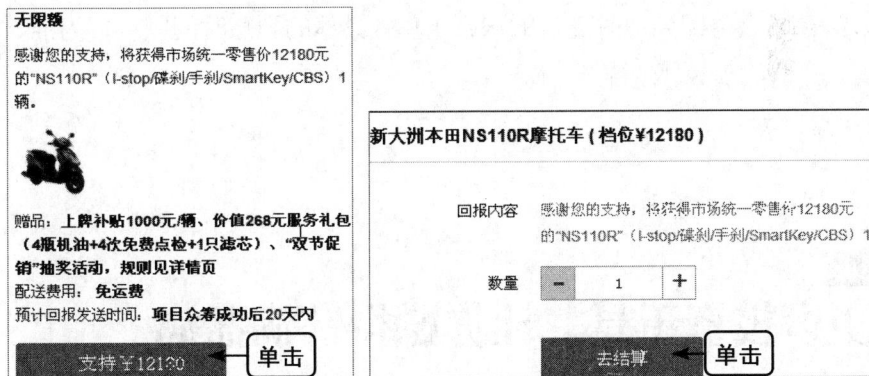

图 10-13

对于该项目的参与和回报，项目发布者都会进行详细地说明。作为项目支持者一定要逐条查看清楚，有不明白的地方可以与该项目发起人进联系。如提车的网点、订单确认、发票及售后和上牌等，如 10-14 左图所示。

一般根据投资金额的大小，获得的回报也存在一定的差别，具体要以项目发布信息为准。此外，对于该项目的风险，用户也应有一定的了解，如 10-14 右图所示。

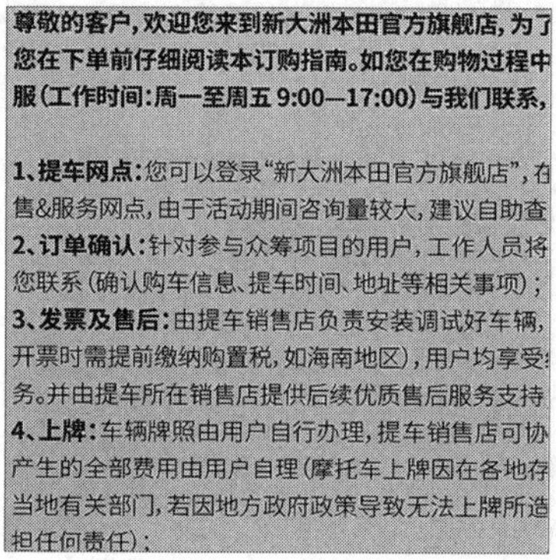

尊敬的客户，欢迎您来到新大洲本田官方旗舰店，为了您在下单前仔细阅读本订购指南。如您在购物过程中需服(工作时间:周一至周五 9:00—17:00)与我们联系，

1、提车网点:您可以登录"新大洲本田官方旗舰店"，在售&服务网点，由于活动期间咨询量较大，建议自助查

2、订单确认:针对参与众筹项目的用户，工作人员将您联系(确认购车信息、提车时间、地址等相关事项);

3、发票及售后:由提车销售店负责安装调试好车辆，开票时需提前缴纳购置税，如海南地区)，用户均享受售务。并由提车所在销售店提供后续优质售后服务支持

4、上牌:车辆牌照由用户自行办理，提车销售店可协产生的全部费用由用户自理(摩托车上牌因在各地存当地有关部门，若因地方政府政策导致无法上牌所造担任何责任);

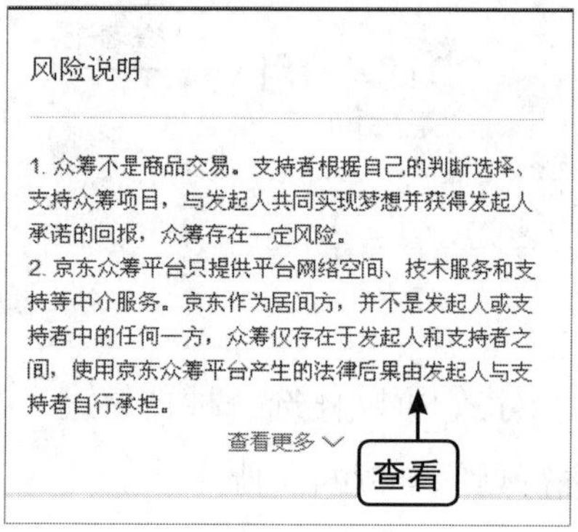

风险说明

1. 众筹不是商品交易。支持者根据自己的判断选择、支持众筹项目，与发起人共同实现梦想并获得发起人承诺的回报，众筹存在一定风险。
2. 京东众筹平台只提供平台网络空间、技术服务和支持等中介服务。京东作为居间方，并不是发起人或支持者中的任何一方，众筹仅存在于发起人和支持者之间，使用京东众筹平台产生的法律后果由发起人与支持者自行承担。

查看更多 ∨ 查看

图 10-14

对于项目支持者来说，如果支持的众筹失败，系统将实时操作退款，款项会退回到当时支付的银行卡里。具体的到账时间以银行为准，一般为 1~15 个工作日。

10.3 更多投资工具，让你赚得钵满盆满

对于一个将军来说，要在战场上常胜，除了具有一定的战略战术，作战利器必不可少。不管是大刀、长矛或弓箭，总要有一样擅长。在投资战场亦如此，要想赢得投资的胜利，必要的工具不可少，比如招财宝、百度理财和苏宁金融等。

10.3.1 招财宝：财富招之即来

招财宝成立于 2014 年，是蚂蚁金服旗下开放的金融信息服务平台。在 2014 年 4 月 10 日，招财宝金融信息服务平台正式上线运营。

2015 年 8 月，蚂蚁聚宝 APP 上线，招财宝首批入驻。2015 年 12 月，招财宝平台的成交用户数破千万。

在招财宝的平台上，中小企业和个人都可以发布相关的借款产品，同时相关的担保公司会提供相应的本息兑付增信。

投资人根据自身的风险偏好出借相应的资金，招财宝平台进行严格地监管，但是不发布任何的理财产品、借款项目和资金池等，也不能为交易各方担保。

可登录招财宝官网 https://zcbprod.alipay.com，对于相关信息进行查看，如图 10-15 所示。如关于招财宝的具体介绍、交易帮助等。其中，交易一般包括购买、预约和查询等。

单击"交易帮助"我们可以查看交易的三大程序，如图 10-15 所示，单击"购买"按钮。

图 10-15

在紧接着的页面将出现关于购买、预约和查询的具体要求，如购买包括的四大步骤，如图 10-16 所示。

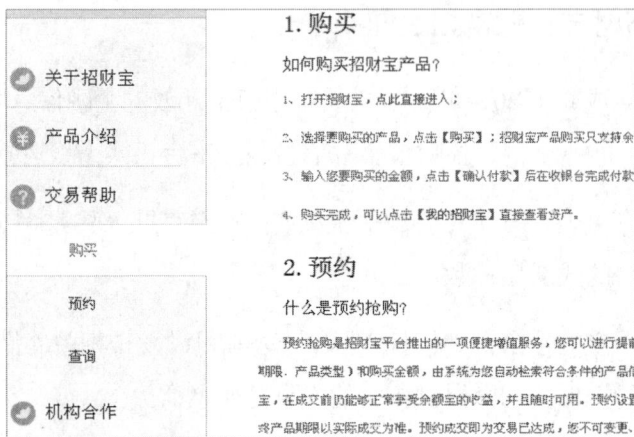

图 10-16

招财宝与余额宝是不一样的，两者在本质、收益率、安全度、提现手续费以及资金来源等都存在一定的差别。

10.3.2 百度理财：集多元化理财产品于一身

百度理财，现在改名为度小满理财。具有小满者，小得盈满，满而不损也的寓意，意味着给投资者带来美满祝福。在度小满的平台上提供包括活期理财、安心理财、成长投资和智能投资管家等核心服务。

登录度小满理财官网，可以看到相应的理财产品，包括活期理财和基金两大类。在活期理财中，选择某一类产品，单击"立即转入"按钮，如图 10-17 所示。

图 10-17

在该页面，我们将看到关于该产品的收益曲线图，如图 10-18 所示，输入相应的购买金额，完成以后，单击"立即转入"按钮即可完成购买。

图 10-18

相对一些不知名的平台来说，百度理财会比较可靠，上面的活期理财安全性相对比较高，小伙伴们可斟酌购买。

10.3.3 苏宁金融：驾驭财富，畅享生活

我们常听说苏宁电器，如果你以为苏宁只是代表电器你就错了。苏宁还有金融，苏宁金融具有苏宁易付宝、苏宁理财和任性付等。其具有消费金融、众筹、投资理财和企业贷款等业务，是中国金融 O2O 先行者，还能为消费者提供多场景的金融服务体验。

用户可以登录苏宁金融进行简单地了解，登录官网后，单击"投资理财"超链接用户可以查看相应的产品信息，如图 10-19 所示。

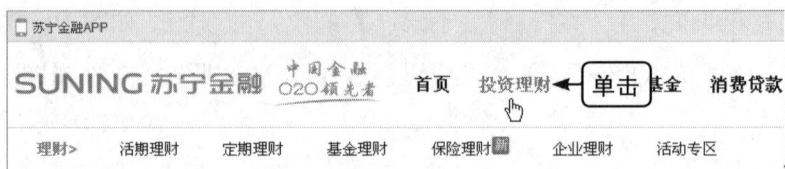

图 10-19

此时，在该页面将出现关于大类产品的详细信息，如定／活期中的零钱宝、天天理财和债券基金等。还有基金中的南方原油、华宝标普石油天然气以及广发纳斯达克等基金，如图 10-20 所示。

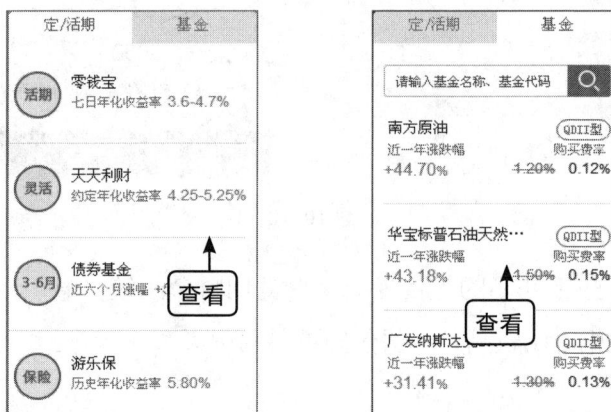

图 10-20

理财者可以根据自己的理财习惯，购买上述的各种产品。不同的产品收益不同，风险也不同，投资时要多比较、多考虑。